GRADUALE NOVUM
KOMMENTAR

Johannes Berchmans Göschl

GRADUALE NOVUM EDITIO MAGIS CRITICA IUXTA SC 117

KOMMENTAR

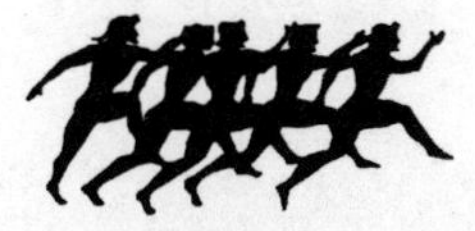

Herstellung: ConBrio Verlagsgesellschaft, Regensburg
Druck: Druckhaus Köthen

ISBN 978-3-940768-70-4
CB 1270

INHALT

VORWORT

Am 26. Januar 2011 wurde Papst Benedikt XVI. im Rahmen einer Privataudienz in Rom ein neues Choralbuch überreicht: das *Graduale Novum,* Band I: *De Dominicis et Festis*[1]. Seit 2018 liegt auch Band II: *De Feriis et Sanctis*[2] vor. Nun können sowohl semiologisch geschulte Gregorianikfachleute und Studierende als auch semiologisch orientierte Scholae auf eine Melodiefassung zurückgreifen, die den Anspruch erhebt, um ein Vielfaches besser mit den Daten der ältesten adiastematischen Handschriften des Gregorianischen Chorals zu korrespondieren, als dies in den Vorgängereditionen des 20. Jahrhunderts inklusive *Graduale Triplex*[3] der Fall ist, die alle die Melodiefassung der Editio Vaticana des *Graduale Romanum*[4] unverändert wiedergeben.

In der vorliegenden Abhandlung soll sowohl die Vorgeschichte des *Graduale Novum* in kurzen Zügen skizziert als auch eine Antwort auf diverse Fragen in Bezug auf Notwendigkeit eines neuen Choralbuches, Methodologie der Melodierestitution, besondere Herausforderungen und Probleme der Melodierestitution sowie in Bezug auf Inhalt und editorische Gesichtspunkte des *Graduale Novum* versucht werden. Da andererseits das *Graduale Novum* eine Edition gregorianischer Messgesänge nicht nur für Wissenschaft und Lehre, sondern auch – und dies ganz besonders – für die liturgische Praxis ist, dürfen auch grundsätzliche Überlegungen zu Fragen der Interpretation des Gregorianischen Chorals nicht fehlen. Dabei wird es letztlich immer um die Frage gehen, inwieweit die gesangliche Ausführung dem Ideal nahekommt, das Wort der Liturgie, die „Urquelle" aller gregorianischen Kompositionen, auf adäquate Weise zum Klingen zu bringen.

Kiel, im Mai 2018
Johannes Berchmans Göschl

1 Regensburg (ConBrio Verlag) / Rom (Editrice Vaticana) 2011 (= GrN I).
2 Regensburg (ConBrio Verlag) / Rom (Editrice Vaticana) 2018 (= GrN II).
3 Solesmes 1979 (=GT).
4 GRADUALE SACROSANCTAE ROMANAE ECCLESIAE DE TEMPORE ET DE SANCTIS, Rom (Typis Vaticanis) 1908 (= GR 1908).

I. VORGESCHICHTE

Der Weg, der zur Herausgabe des *Graduale Novum* führte, war langwierig und schwierig. Die Vorarbeiten bis zur Veröffentlichung von Band I: *De Dominicis et Festis* umfassten einen Zeitraum von 34 Jahren und bis zur Veröffentlichung von Band II: *De Feriis et Sanctis* einen Zeitraum von weiteren 7 Jahren. Im Januar des Jahres 1977 konstituierte sich – auf Initiative von Godehard Joppich – der Arbeitskreis „Melodierestitution", mit dem Ziel, die Propriumsgesänge der Messe, so wie sie im Graduale Romanum 1908 wiedergegeben sind, einer umfassenden quellenkritischen Revision zu unterziehen. Dem Arbeitskreis „Melodierestitution" gehörte von Anfang an über mehrere Jahre auch Dom Eugène Cardine (+1988) von Solesmes an, der Gründer der semiologischen Bewegung in der zweiten Hälfte des 20. Jhs., bis eine schwere Erkrankung in seinen letzten Lebensjahren jede weitere Mitarbeit unmöglich machte. Zum Arbeitskreis „Melodierestitution" gehörten von Anfang an bis zu ihrem Tod auch Luigi Agustoni (†2004), einer der Pioniere und prägendsten Persönlichkeiten der Gregorianikforschung der letzten sechs Jahrzehnte, sowie P. Rupert Fischer (†2001) von Metten, aus dessen reichem paläographischen Fundus der Arbeitskreis bis zum heutigen Tag mit Gewinn schöpfen kann. In besonderer Weise ermutigt fühlte sich der Arbeitskreis „Melodierestitution" durch das Zweite Vatikanische Konzil, das in Artikel 117 seiner Liturgiekonstitution „Sacrosanctum Concilium" den dringenden Wunsch geäußert hat, es möge „eine kritischere Ausgabe (editio magis critica) der seit der Reform Pius X. bereits herausgegebenen Bücher besorgt werden".

Die ersten Jahre der gemeinsamen Arbeit an den Melodierestitutionen der Propriumsgesänge der Messe waren geprägt durch mannigfache Überlegungen in Grundsatzfragen, allen voran in der Frage, auf welche mittelalterlichen Handschriften sich eine Restitution der Melodien des Graduale Romanum stützen soll. Was die *adiastematischen* Handschriften *in campo aperto* betrifft, war man in semiologischen Kreisen schon seit langem der Überzeugung, jenen Quellen den Vorzug zu geben, die mit größtmöglicher Präzision und einem Höchstmaß an Übereinstimmung untereinander den unerschöpflichen Reichtum rhythmischer Differenzierungen in den gregorianischen Gesängen wiederzugeben vermögen. Unter diesem Gesichtspunkt konnte der Kreis der zu konsultierenden adiastematischen Handschriften eingegrenzt und darüber hinaus ein Urteil in der Frage der Hierarchie unter ihnen erzielt werden. Schwieriger gestaltete sich die Auswahl der zu konsultierenden *diastematischen* Handschriften. Hier ging es vor allem um die Frage, welche diastematischen Quellen bestmöglich mit den Vorgaben der maßgeblichen adiastematischen Handschriften korrespondieren. Auch unter diesem Gesichtspunkt konnte, nicht zuletzt dank grundlegender Forschungsergebnisse der Mönche von Solesmes im Zusammenhang mit dem Projekt einer „édition critique" des Graduale Romanum, der Kreis der zu konsultierenden Handschriften eingegrenzt und eine klare Hierarchie unter ihnen aufgestellt werden.

Weitere Vorüberlegungen betrafen die äußere Form der Quadratnotation in einer eventuell für die Zukunft geplanten Neuausgabe des Graduale Romanum mit restituierten Melodien. Von Anfang an war klar, dass in der Wiedergabe von Mehrtonneumen die interne Gruppierung der Editio Vaticana nach Maßgabe der ältesten mittelalterlichen Quellen in nicht seltenen Fällen zu ändern ist. Darüber hinaus drängte sich die Frage auf, ob man es bei den Notenformen der Editio Vaticana belassen soll oder ob zu den Graphien der Editio Vaticana neue Notenformen hinzukommen sollen. Diverse Versuche einer Neographie waren ja schon seit langem bekannt, nicht zuletzt in weit verbreiteten Veröffentlichungen von Solesmes wie z. B. im *Antiphonale Monasticum* von 1934, wo sich bereits eigene Formen für Strophen, den Oriscus und die augmentative Liqueszenz finden.[5] Neuere Veröffentlichungen von Solesmes wie z. B. der *Liber Hymnarius* von 1983 gehen noch einen Schritt darüber hinaus, indem sie auch Sonderzeichen für Pes intitio debilis und Torculus initio debilis, für das Trigon sowie für die augmentative und diminutive Liqueszenz des Climacus enthalten und außerdem Pes quassus und Salicus mit der Oriscusform ausstatten.[6] Die Mitglieder des Arbeitskreises „Melodierestitution" zeigten sich von Anfang an über mehrere Jahre durchaus offen für die Übernahme neuer Notenformen nach dem Vorbild von Solesmes. Darüber hinaus wendeten sie sogar viel Zeit und Mühe für allerlei Experimente mit weiteren neuen Graphien auf, mit dem Ziel, möglichst viele der in den adiastematischen Handschriften enthaltenen und für die Interpretation relevanten Informationen in der Quadratnotation abzubilden. Doch mit den Jahren wuchsen die Zweifel an der Sinnhaftigkeit dieses Vorhabens. Und schließlich überwog die Einsicht, von jeglicher Form einer Neographie Abstand zu nehmen, d. h. der Quadratnotation der Editio Vaticana keine neuen Notenformen hinzuzufügen. Über die Gründe, die zu diesem Verzicht führten, wird später ausführlich zu reden sein.

Die Arbeit an der Restitution gregorianischer Melodien begann mit den Messproprien der vier Adventsonntage. Zu diesem Zweck wurden für jeden Gesang großformatige Bögen angefertigt, in die die Melodieversion der Editio Vaticana sowie darüber die vollständigen Neumennotationen der maßgeblichen adiastematischen Handschriften und darunter – unterhalb einer für erforderliche Melodiekorrekturen der Vaticana eingerichteten Restitutionszeile – die melodischen Abweichungen von der Vaticana – und nur diese, wegen der besseren Übersichtlichkeit – der maßgeblichen diastematischen Handschriften eingetragen wurden.[7] Diese für das vergleichende Quellenstudium äußerst hilfreiche, weil gut überschaubare Anordnung der Restitutionsbögen hat der Arbeitskreis „Melodierestitution" bis zum heutigen Tag grundsätzlich beibehalten, wenn auch in neuerer Zeit dank Internet häufig auf die handschriftliche Eintragung der adiastematischen Neumen verzichtet wird, vielmehr die Neumen gerne direkt aus den Quellen kopiert werden, und oft auch die Quadratnotation der Melodievarianten der diastematischen Quellen nicht mehr handschriftlich, sondern in gedruckter Form wiedergegeben wird.

5 Vgl. ANTIPHONALE MONASTICUM, Solesmes 1934, S. XIIf.

6 Vgl. LIBER HYMNARIUS, Solesmes 1983, die Tabelle S. XII.

7 Eine Teilansicht eines solchen Restitutionsbogens findet sich in Heinrich RUMPHORST, *Vorstellung des Graduale Novum*, in: BzG 51, S. 76.

Marksteine auf dem Weg der Arbeiten an der Melodierestitution des Graduale Romanum bis zur Veröffentlichung des *Graduale Novum* waren die Kongresse der 1975 gegründeten Internationalen Gesellschaft für Studien des Gregorianischen Chorals (AISCGre). Besonders auf den Kongressen 1984 in Luxemburg, 1999 in Verona und 2007 in Florenz hatten die Mitglieder des Arbeitskreises „Melodierestitution" Gelegenheit, sich mit einem engagierten Fachpublikum über Möglichkeiten, Schwierigkeiten und Grenzen einer quellenkritischen Revision gregorianischer Melodien auszutauschen sowie Kostproben ihrer bereits geleisteten Arbeit vorzustellen. Und der Kongress 2011 in Poznan, der sich zwar primär mit Grundsatzfragen der Interpretation des Gregorianischen Chorals zu befassen hatte, stand ganz im Zeichen des kurz vorher erschienenen *Graduale Novum I, De Dominicis et Festis*, und forderte unwillkürlich die Mitglieder des Arbeitskreises „Melodierestitution", aber auch alle anderen Kongressteilnehmer zu engagierten Stellungnahmen und regen Diskussionen heraus.[8]

Von herausragender Bedeutung war schließlich die Vorstellung der wichtigsten für die Melodierestitution herangezogenen adiastematischen und diastematischen Handschriften in der Fachzeitschrift „Beiträge zur Gregorianik" (BzG), dem Organ der deutschsprachigen Sektion der AISCGre, ab Heft 19. Gerade in Bezug auf manche diastematische Handschriften konnten auf diese Weise neue Erkenntnisse mitgeteilt werden, die in die Arbeit an den Melodierestitutionen und letztendlich in deren Resultate mit eingeflossen sind. So basieren z. B. nicht wenige chromatisch alterierte Töne im *Graduale Novum* auf diesen neuen Erkenntnissen.

Die Ergebnisse des Arbeitskreises „Melodierestitution" wurden seit dem Jahr 1996 als „Vorschläge zur Restitution von Melodien des Graduale Romanum" nach und nach in der oben genannten Zeitschrift „Beiträge zur Gregorianik" veröffentlicht. Dort finden sich die erforderlichen Korrekturen des Notentextes der Editio Vaticana und werden in einem eigenen kritischen Apparat begründet.[9] Als die Arbeiten an den Melodierestitutionen des Proprium Missae der Sonn- und höchsten Feiertage des Kirchenjahres und deren Veröffentlichung in den „Beiträgen zur Gregorianik" so weit gediehen waren, dass ein Ende abzusehen war, reifte der Entschluss, ein eigenes Buch herauszugeben, das sowohl wissenschaftlichen Zielsetzungen als auch – und dies vor allem – der liturgischen Praxis dienlich sein sollte.

So ist schließlich das *Graduale Novum*, Tomus I: *De Dominicis et Festis,* entstanden, das im Januar 2011 im ConBrio Verlag Regensburg in Kooperation mit der Libreria Editrice Vaticana veröffentlicht wurde. Für die Herausgabe des *Graduale Novum*, Tomus II: *De Feriis et Sanctis*, hat sich der Arbeitskreis „Melodierestitution" eine Frist von weiteren fünf Jahren gesetzt. Dieser gleichermaßen großen wie schwierigen Herausforderung kam zugute, dass man in Grundsatzfragen in puncto Metho-

8 Vgl. Heinrich Rumphorst, *Vorstellung des Graduale Novum*, a. a. O., S. 75–93.

9 Vgl. ebd., S. 77. Dazu sowie zur gesamten Vorgeschichte des Graduale Novum siehe auch die sehr detailgenauen Informationen bei Heinrich Rumphorst, *Vierzig Jahre Arbeitskreis Melodierestitution*, in: BzG 63, S. 49–65.

dik und Edition auf die Entscheidungen und Erfahrungen im Zusammenhang mit der Erarbeitung von Band I zurückgreifen und darauf aufbauen konnte. Und so ist nun im Jahr 2018 auch das *Graduale Novum*, Tomus II: *De Feriis et Sanctis*, erschienen, das alle jene Messgesänge des Kirchenjahres enthält, die in Band I noch nicht zu finden sind. Die Verzögerung des Publikationstermins ist u. a. diversen Problemen im Zusammenhang mit spät- bzw. neogregorianischen Gesängen wie vor allem einer Vielzahl von Alleluias mit ihren Versen geschuldet, die in den mittelalterlichen Handschriften nur spärlich oder kaum oder gar nicht bezeugt sind.

II. NOTWENDIGKEIT DER RESTITUTION GREGORIANISCHER MELODIEN

War das *Graduale Novum* (GrN) notwendig? War es notwendig, die Melodien des Graduale Romanum von 1908, dessen Notentext sich unverändert im nachkonziliären Graduale Romanum von 1974 sowie auch im Graduale Triplex (GT) von 1979 findet, einer Revision zu unterziehen, mit dem Ziel, sie im Bedarfsfall zu verändern?

Diese Frage führt uns erst einmal zurück auf die Editio Vaticana selbst, die von Papst Pius X. in Auftrag gegeben wurde, und in unserem Fall ganz besonders auf das Graduale Romanum von 1908. Ohne Zweifel war das gesamte Projekt der Editio Vaticana – und dabei vor allem das Graduale Romanum von 1908 – eine Pioniertat ersten Ranges und eine Kulturleistung von historischer Tragweite. Es bedeutete nichts Geringeres, als dass ein immenses liturgisches Gesangsrepertoire, das seine Blütezeit vom 8. bis 10. Jh. erlebte und danach zunehmend dem Verfall preisgegeben war, dem Dunkel der Geschichte entrissen, für die Gegenwart nutzbar gemacht und für die Zukunft gerettet werden konnte.

Was im Besonderen das Graduale Romanum von 1908 betrifft, können wir feststellen, dass seine mehr als 100-jährige Geschichte einer einzigartigen Erfolgsgeschichte gleicht. Vor allem was die Beschaffenheit der Melodien anbelangt, übersteigt diese Ausgabe bei weitem das Niveau aller ihr vorangegangenen Ausgaben. Der Illustration des eben Gesagten diene eine Gegenüberstellung zweier Versionen ein und desselben Gesangs, des Introitus „Factus est Dominus“, in der Editio Medicaea (17. Jh.)[10] und in der mit den maßgeblichen mittelalterlichen Quellen fast perfekt übereinstimmenden Wiedergabe der Editio Vaticana[11]:

10 GRADUALE DE TEMPORE IUXTA RITUM SACROSANCTAE ROMANAE ECCLESIAE, Editio Princeps (1614), hg. v. Giacomo Baroffio u. Manlio Sodi, Città del Vaticano 2001, S. 426.

11 GR 1908, S. 275.

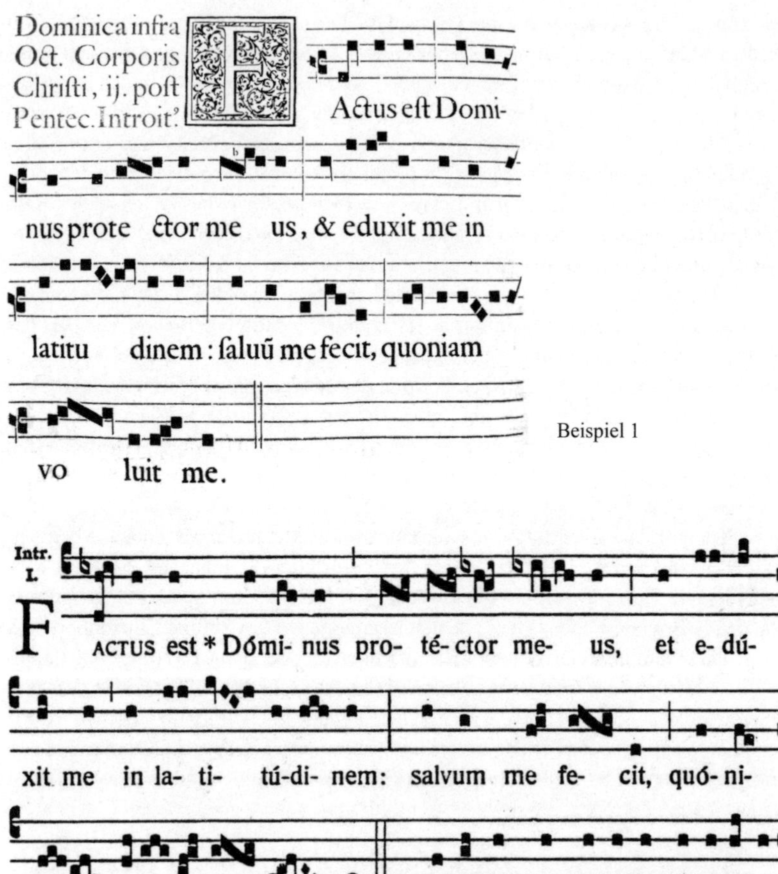

Beispiel 1

Beispiel 2

Der Vergleich zeigt eine großenteils ihrer Ornamentik entblößte, bis auf die nackten Strukturen reduzierte Melodie in der Editio Medicaea (Beispiel 1). Er zeigt vor allem, was dabei herauskommt, wenn man – wie in der Editio Medicaea geschehen – nach dem von den Humanisten des 16./17. Jhs. verfochtenen Prinzip vorgeht, Tongruppen möglichst nur über Akzentsilben und nicht über unbetonten Silben zu positionieren. Und er zeigt andererseits, was die in der Editio Vaticana (Beispiel 2) vollzogene Rückkehr zu den mittelalterlichen Quellen des Gregorianischen Chorals gebracht hat: Die Melodie klingt wie befreit vom Korsett, in das sie in der Wiedergabe der Editio Medicaea gezwängt war. Und eben diese Rückkehr zu den mittelalterlichen Quellen schafft erst die Voraussetzung dafür, die Sinnspitzen des Textes im Gesang zum Leben zu erwecken und zum Leuchten zu bringen.

Die klaren Vorzüge, die an diesem Beispiel die Editio Vaticana gegenüber der Editio Medicaea aufzuweisen hat, macht aber eine Antwort auf die Frage nur noch umso dringlicher, ob dann der seit einigen Jahrzehnten unternommene Versuch einer Revision und Korrektur der Melodien des Graduale Romanum von 1908 überhaupt notwendig war. Die Antwort sei gleich vorweggenommen: Ja, er war notwendig! Bei allen unbestreitbaren Vorzügen des Graduale Romanum von 1908 und dem bleibenden Verdienst, das seinen Autoren nach wie vor gebührt, muss doch auch gesagt werden: Das Graduale Romanum von 1908 ist weit davon entfernt, eine perfekte bzw. bestmögliche Ausgabe zu sein. Sie weist, im Gegenteil, viele Schwächen auf. Diese sind teilweise auf die Tatsache zurückzuführen, dass um die Wende vom 19. zum 20. Jh. die Methodologie zur Erforschung der mittelalterlichen Quellen des Gregorianischen Chorals noch nicht genügend ausgereift war, aber wohl noch mehr auf die Tatsache, dass Dom Joseph Pothier, der hauptverantwortliche Redaktor des Graduale Romanum von 1908, und seine Anhänger als eifrige Verfechter des Prinzips der „tradition vivante“ in nicht seltenen Fällen einer in späteren Handschriften dokumentierten Tradition den Vorzug gaben.

Vor allem wenn man die Editio Vaticana aus dem Blickwinkel der Semiologie betrachtet und an einer semiologisch fundierten Ausführung der Gesänge interessiert ist, wird man mit zahlreichen Diskrepanzen zwischen der Melodiefassung der Editio Vaticana und den paläographischen Daten und deren semiologischem Befund konfrontiert. Daraus folgt: Wem an einer semiologisch orientierten und damit rhythmisch differenzierten Ausführung der Gesänge gelegen ist, erhebt zu Recht den Anspruch, dass ihm eine Melodieversion angeboten wird, die bestmöglich mit den semiologischen Vorgaben übereinstimmt oder wenigstens nicht im Widerspruch dazu steht. Um das Gesagte an einem Beispiel zu beleuchten, seien zwei Stellen aus dem Graduale „Prope est Dominus“ herausgegriffen, die stellvertretend für viele analog gelagerte Fälle stehen:[12]

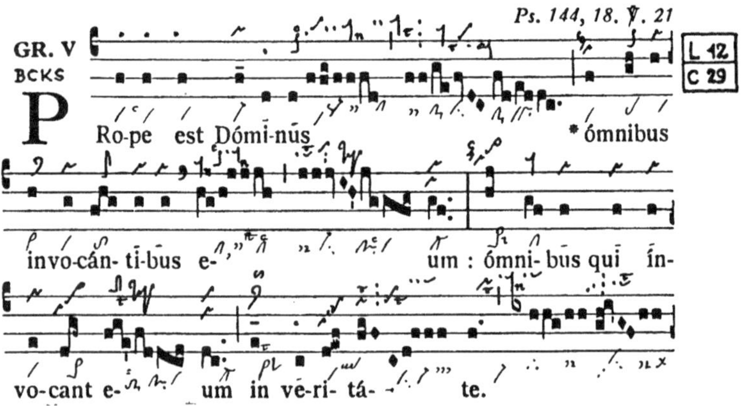

Beispiel 3

12 GT, S. 35.

Zusätzlich zur Melodie der Editio Vaticana sind in Beisp. 3 in der Wiedergabe des GT die Neumengraphien der Codices St. Gallen 359 (Cantatorium) und Laon 239 zu sehen. Eine der beiden in Frage stehenden Stellen findet sich in der ersten Zeile innerhalb des Melismas über der Endsilbe von *Domi<u>nus</u>*, und zwar bei der vierten Note nach der Divisio minima der Vaticana. Die andere Stelle betrifft die dritte Note über der ersten Silbe von *<u>e</u>um* in der dritten Zeile.

Die in beiden adiastematischen Handschriften enthaltenen klaren Hinweise auf eine Verlängerung der Tondauer an beiden Stellen können in der gesanglichen Ausführung sinnvollerweise nur dann berücksichtigt werden, wenn das *mi* zu *fa* erhöht wird. Denn wollte man, gemäß der Vaticana, an beiden Stellen ein *mi* singen, entspräche dies einem tieferen Wechselton mit ornamentalem Charakter, für dessen Dehnung kein vernünftiger Grund genannt werden kann. Da zudem auch die maßgeblichen diastematischen Handschriften Benevent 34, Paris B.N. lat. 776 (Albi) und Paris B.N. lat. 903 (St. Yrieix) an beiden Stellen *fa* statt *mi* notieren, kann an der Notwendigkeit einer Korrektur kein Zweifel mehr bestehen.
Beispiel 4 zeigt bei den Ziffern 1 und 5 die in den „Beiträgen zur Gregorianik“ (BzG) vorgenommene Korrektur beider Stellen:[13]

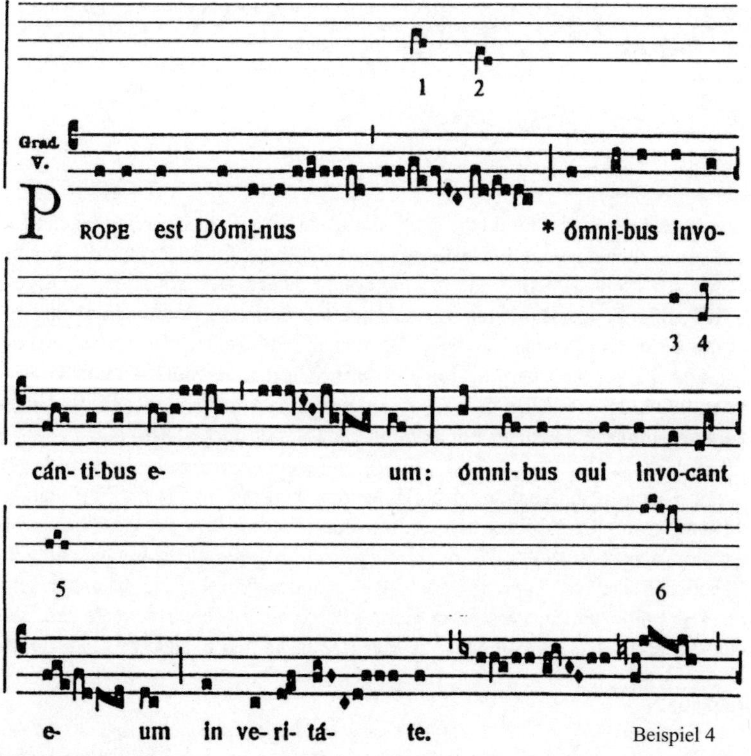

Beispiel 4

13 BzG 21, S. 36.

Im GrN präsentiert sich der in Frage stehende Abschnitt dieses Gesangs wie folgt:[14]

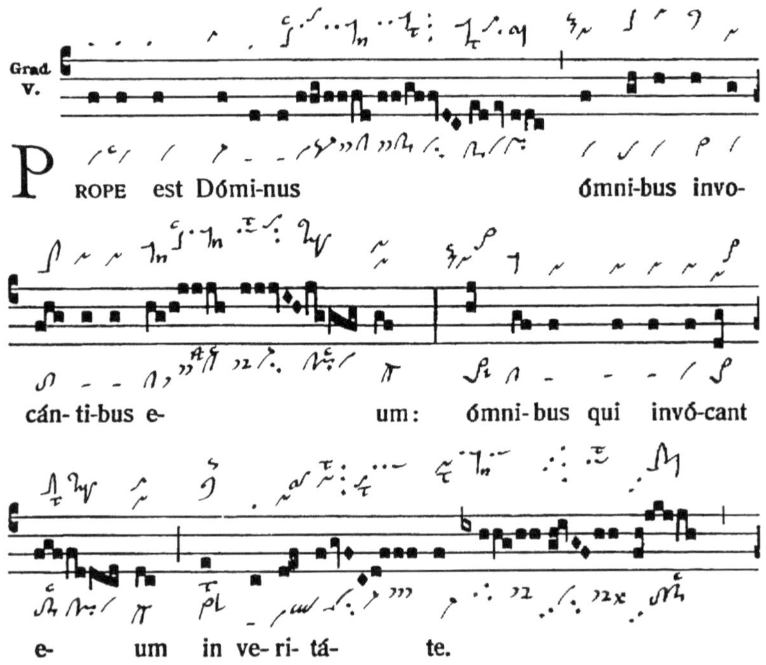

Beispiel 5

Ein besonders schwacher Punkt der Editio Vaticana betrifft die ursprünglichen Rezitations- und modalen Strukturtonstufen *si* und *mi*. In der Tat findet man diese in der Vaticana fast grundsätzlich zu *do* bzw. *fa* erhöht. Davon sind vor allem die Stücke und die Psalmodie im III. Modus wie auch die Stücke im IV. Modus betroffen. Aber nicht nur diese, sondern auch andere, z. B. manche Stücke im VIII. Modus, bei denen in alter Zeit nicht selten die Tonstufe *si*, neben dem *do*, eine strukturwichtige Position einnahm, ja gelegentlich sogar als Stufe einer mehr oder weniger langen Rezitation fungierte. Letzteres vor allem in den Cantica der Osternacht.[15]

Was den Deuterus authenticus, den III. Modus, betrifft, ist für die Entstehungs- und Blütezeit des Gregorianischen Chorals der Tenor *si* klar bezeugt, dies sowohl durch die *Commemoratio brevis de tonis et psalmis modulandis*[16] als auch durch die maßgeblichen älteren Neumenhandschriften, adiastematische wie diastematische, selbst. Die Editio Vaticana knüpft in diesem Punkt an eine etwas jüngere Tradition an, die ebenfalls schon in einer Reihe von Handschriften belegt ist, so schon seit

14 GrN I, S. 16.
15 Vgl. GT, S. 185–191 mit GrN, S. 150–159 sowie mit den Restitutionen in BzG 28, S. 7–26.
16 Vgl. Martin Gerbert, *Scriptores ecclesiastici de musica sacra*, Bd. I, St. Blasien 1784, 2. Nachdruck Olms, Hildesheim 1990, S. 214.

dem 11, Jh. vor allem in Handschriften nördlich der Alpen, ganz besonders in Handschriften, die etwa seit dem 12. Jh. den sog. germanischen (bzw. ostfränkischen) Choraldialekt wiedergeben, aber auch schon in einigen französischen und italienischen Handschriften des 11. Jhs., die eigentlich noch mehr der romanischen Lesart verpflichtet sind. Dass die Frage, ob ein Stück im III. Modus mit Tenor *si* oder mit Tenor *do* erscheint, nicht unerheblich für den Ausdrucksgehalt und die Interpretation schlechthin ist, soll ein Blick auf den Introitus „Si iniquitates" zeigen. Zunächst sei das Stück in der Version des GT vorgestellt:[17]

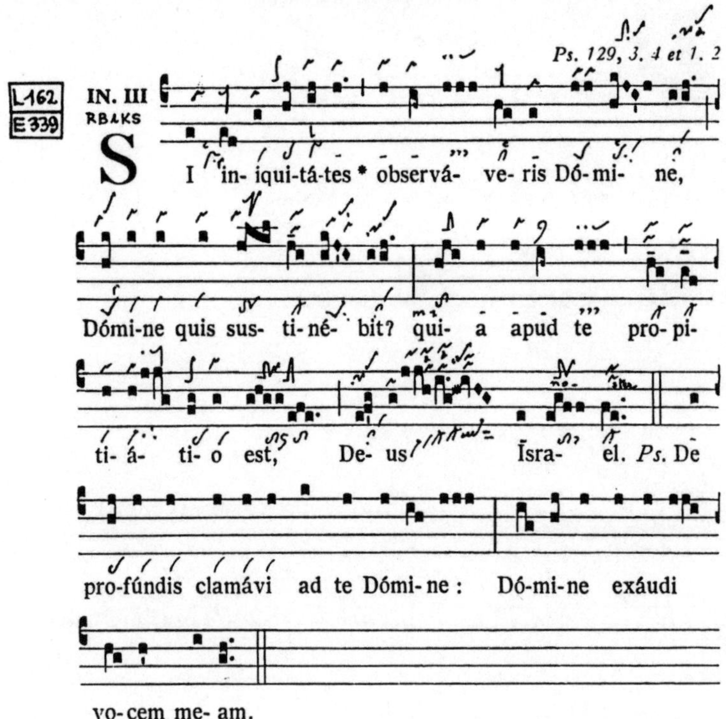

Beispiel 6

In diesem dem GT entnommenen Stück interessiert vor allem die Intonationspassage bis *observaveris* einschließlich sowie die Stelle bei *quia apud te*. An beiden Stellen ist in der Wiedergabe der Vaticana eine kürzere Rezitation auf *do* zu sehen. Dies jedoch in eindeutigem Widerspruch zu den beiden adiastematischen Handschriften Einsiedeln 121 und Laon 239, wie in beiden Fällen die drei aufeinanderfolgenden Tractuli von Einsiedeln und darüber hinaus im ersten Fall die Virga strata von Einsiedeln und die Position der Zeichen von Laon – die vier Uncini in Folge liegen tiefer als die nachfolgende Unisono-Neume bei *obser<u>va</u>veris* – belegen.

17 GT, S. 351.

Wie die Melodie an beiden Stellen nach Maßgabe der adiastematischen Handschriften aussehen soll, lassen die beiden nach heutigem Wissensstand bedeutsamsten diastematischen Handschriften, Benevent 34[18] (Beisp. 7) und Paris B.N. lat. 776 (Albi)[19] (Beispiel 8), erkennen:

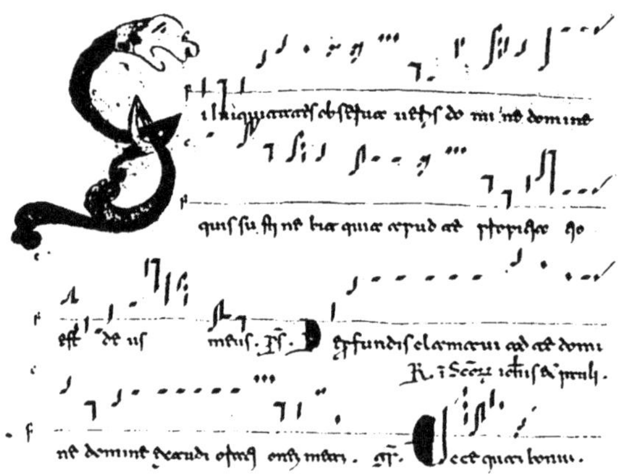

Beispiel 7

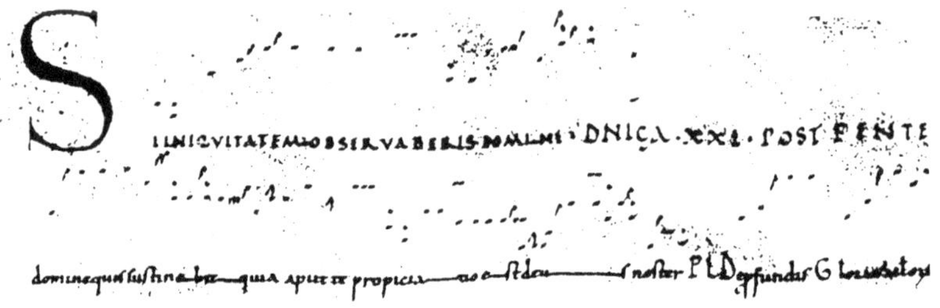

Beispiel 8

Beide Handschriften geben an den fraglichen Stellen statt des *do* der Vaticana *si* an, was dem ursprünglichen Tenor des III. Modus entspricht. Lediglich bei der Akzentsilbe von *ápud* geht Albi auch schon zum *do*. Die Vaticana folgt hier Handschriften, die ein etwas späteres Entwicklungsstadium widerspiegeln, demzufolge der ursprüngliche Tenor *si* des III. Modus zu *do* erhöht ist, so z. B. den Handschriften Montpellier H. 159[20] (Beispiel 9) an der ersten Stelle und Graz 807 (Klosterneuburg)[21] (Beispiel 10) an beiden Stellen:

---

18 PALÉOGRAPHIE MUSICALE XV, Bern 1971, fol. 263v, Zeile 2.

19 CODICES GREGORIANI III, hg. v. Nino Albarosa, Heinrich Rumphorst u. Alberto Turco, Padua 2001, fol. 133r, Zeile 2.

20 PALÉOGRAPHIE MUSICALE VIII, Bern/Frankfurt 1972, S. 39, Zeile 9.

21 PALÉOGRAPHIE MUSICALE XIX, Bern 1974, fol. 161r, Zeile 11.

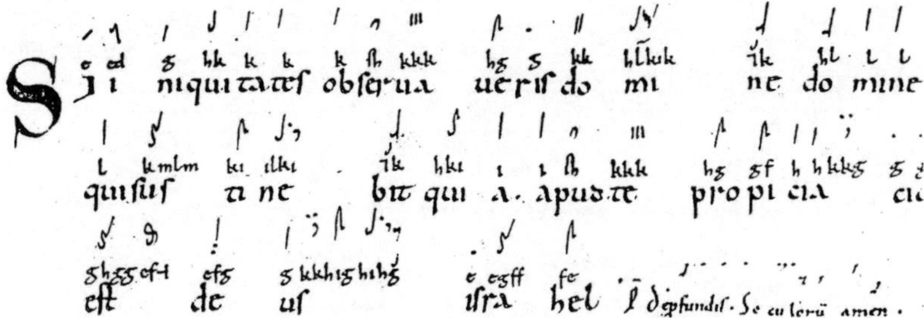

Beispiel 9

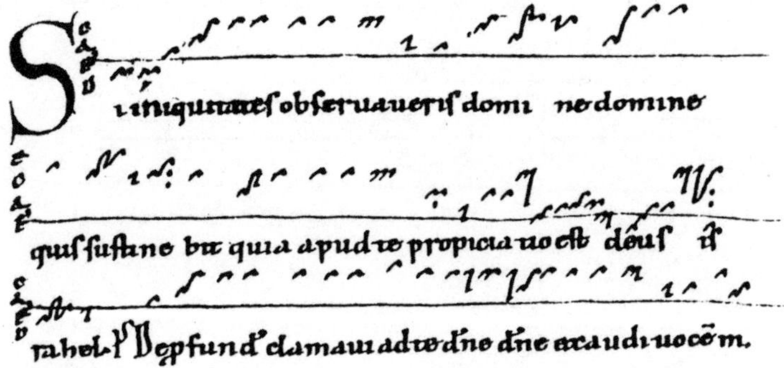

Beispiel 10

Es besteht kein Zweifel: Der Charakter des Stückes ist durch die Erhöhung von *si* zu *do* an den fraglichen Stellen ein anderer geworden. Die Melodie ist der zarten Schwebungen im Halbtonbereich *si-do* verlustig gegangen, die gleichermaßen geistliche Verinnerlichung und demütige Haltung des Menschen im Bewusstsein seiner Sündhaftigkeit, eben jene religiöse Empfindung, von der der Text spricht, auszudrücken vermögen. Zweifellos klingt die Version der Vaticana stabiler, robuster, weniger zerbrechlich, dafür aber weniger intim, weniger ausdrucksvoll, d. h. weniger dem Ausdrucksgehalt dieses ganz bestimmten Textes entsprechend.

Ein Weiteres ist noch zu bedenken: Durch den Verzicht auf die modale Oszillation im Halbtonbereich, das Hin- und Herschwingen der Melodie von *si* zu *do* und umgekehrt, ist auch die Chance vergeben, wichtige Akzente und Sinnschwerpunkte des Textes besonders herauszuheben. Wenn hingegen just bei solchen Sinnakzenten, wie in unserem Fall bei *observáveris* und *apud té*, das *si* vom *do* angezogen wird, ist damit bereits eine nachdrückliche musikalische Hervorhebung inhaltlich profilierter Wörter bzw. Textpassagen gewährleistet. Hier nun die restituierte Fassung des GrN:[22]

22 GrN I, S. 262.

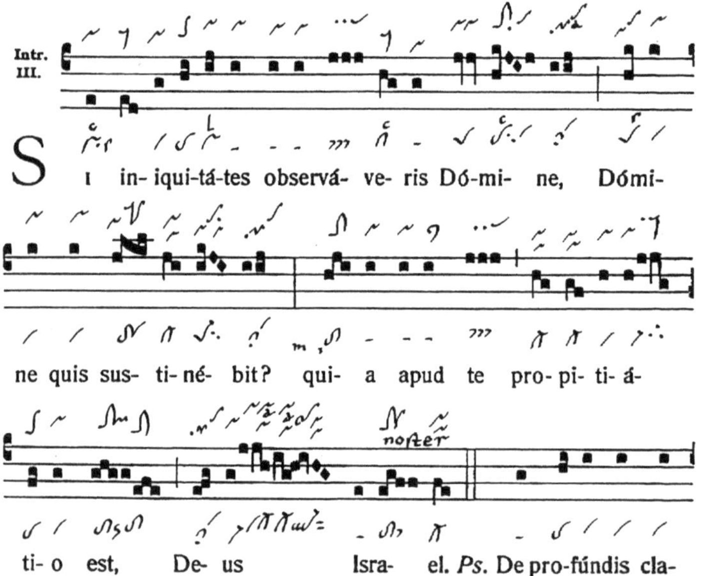

Beispiel 11

Auf einen weiteren Gesichtspunkt ist hier noch eigens einzugehen. Der Grad der Notwendigkeit einer Korrektur der Melodiefassung der Vaticana bemisst sich nicht nach der Anzahl der zu korrigierenden Noten. Es gibt genügend Beispiele, die zeigen, dass schon die Korrektur von zwei Noten oder auch nur einer einzigen Note genügt, um die modale Struktur der betreffenden Passage und damit auch ihren Charakter und ihren künstlerischen Aussagegehalt zu verändern. Stellvertretend für viele derartige Beispiele ist dies an einigen Stellen des Introitus „Resurrexi" des Ostersonntags zu beobachten, die hier zunächst in der Melodieversion der Editio Vaticana zusammen mit der Neumennotation von drei adiastematischen und den Melodievarianten (in Quadratnotation) zur Vaticana von vier diastematischen Handschriften vorgestellt werden sollen (siehe Beispiel 12 rechts):

In der Intonationspassage geben die maßgeblichen diastematischen Handschriften Benevent 34 (Bv), Paris B.N. lat. 776 (A=Albi) und Paris B.N. lat. 903 (Y=St. Yrieix) bei der Akzentsilbe *Resurréxi* übereinstimmend den Ton *mi* statt *fa* an. Dass Graz 807 (K=Klosterneuburg), der Hauptvertreter des germanischen Choraldialekts, *fa* statt *mi* notiert, ist eine Selbstverständlichkeit. Von den drei adiastematischen Handschriften spricht die Position der Zeichen von Chartres 47 (Ch) ziemlich klar für *mi*, während die Virga von Einsiedeln 121 (E) sowohl für *mi* als auch für *fa* stehen kann und der Uncinus von Laon 239 (L) von seiner Position her nicht eindeutig zuzuordnen ist. Da jedoch die drei erstgenannten diastematischen Quellen übereinstimmend *mi* notieren und keine der drei adiastematischen Handschriften dagegen spricht, un-

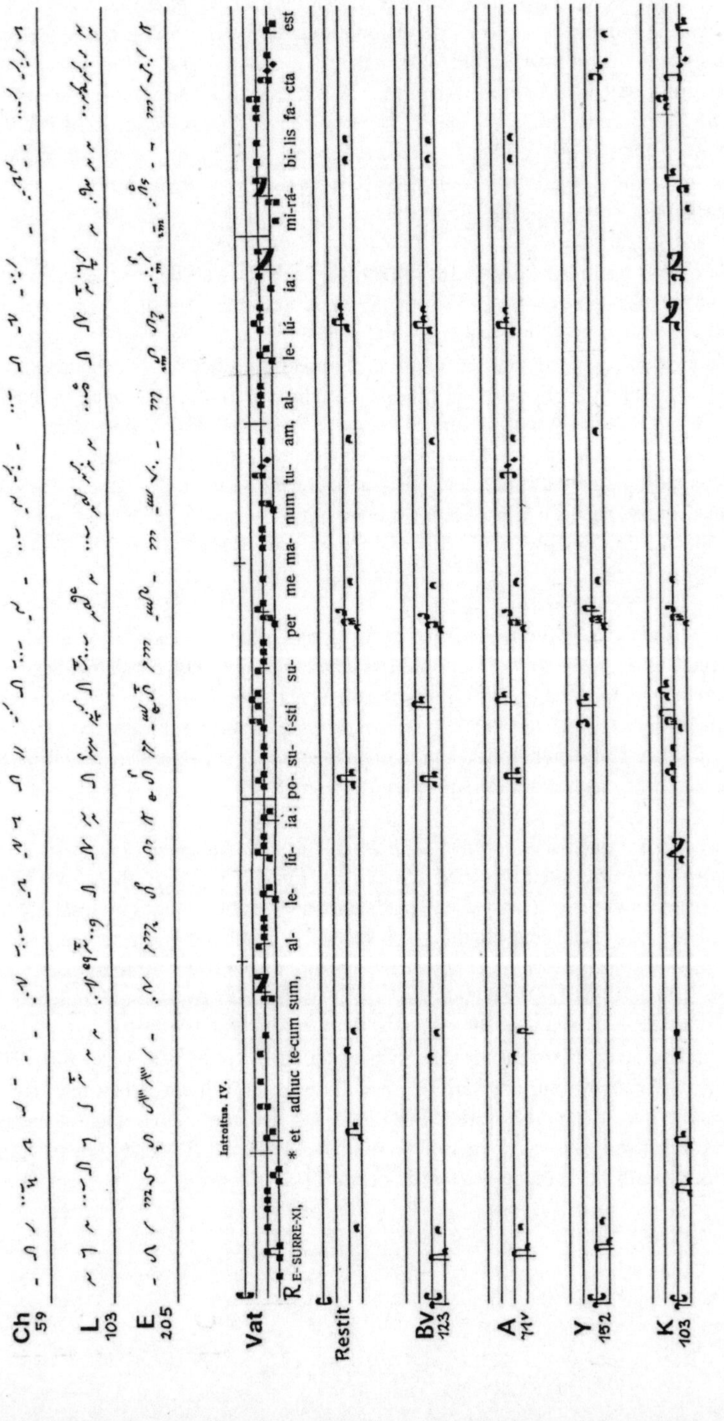

Ch 59

L 103

E 205

Introitus. IV.

Vat

RE-SURRE-XI, * et adhuc te-cum sum, al- le- lú- ia: po- su- í-sti su- per me ma- num tu- am, al- le- lú- ia: mi-rá- bi-lis fa- cta est

Restit

Bv 123

A 71v

Y 152

K 103

Beispiel 12

terliegt es keinem Zweifel, dass hier das *fa* der Vaticana zu *mi* zu korrigieren ist, wodurch die modale Struktur dieser Intonationspassage ein völlig neues Gesicht erhält. Plötzlich wird man gewahr, dass man sich nicht im Protus, im I. oder II. Modus, befindet, sich also nicht zwischen den Strukturpolen *re* und *fa* bewegt, sondern dass im Zentrum des musikalischen Geschehens der Akzentton *mi* steht, der lediglich vorher und nachher ornamental umkreist wird. Das kommt nicht zuletzt dem Schlüsselbegriff dieses Introitus, dem Wort *Resurrexi*, zugute, das auf diese Weise ein markanteres musikalisches Profil erhält.

Bei dem Wort *tecum* sind die beiden Einzeltöne nach Ausweis der zwei erstgenannten diastematischen Handschriften um je einen Ton abzusenken. Graz 807, das lediglich seiner Gewohnheit entsprechend für den zweiten Ton *fa* statt *mi* angibt, spricht nicht dagegen, sondern eher dafür. Laon 239 und Chartres 47 bestätigen diesen Sachverhalt durch die räumliche Disposition ihrer Zeichen, und auch Einsiedeln 121 gibt mit seinem Tractulus für die zweite Silbe zu verstehen, dass dieser Ton nicht *fa* sein kann. Auch hier handelt es sich um eine substantiell wichtige Korrektur des Notentextes der Vaticana, denn nur auf diese Weise kann der eigentliche Akzent des vorausgehenden Wortes *adhúc* (nicht: *ádhuc*!) das ihm gebührende stärkere musikalische Profil erlangen, das hier nicht zuletzt auch durch das *tenete* von Laon eingefordert wird.

Zu den wichtigsten Charakteristiken des IV. Modus gehört die Oszillation im Halbtonbereich *mi-fa*, jenes stetige Hin- und Herschwingen zwischen diesen beiden konkurrierenden Polen (analog zur Oszillation zwischen *si* und *do* im III. Modus). Aus diesem Grund sind auch die Korrekturen bei *posuisti*, *super me* und *manum tuam* als substantiell zu betrachten. Verzichtet man auf sie, wird man einer der wesentlichen Charaktereigenschaften des IV. Modus nicht gerecht.

In diesem Zusammenhang verdient schließlich die Stelle bei *mirabilis facta est* besondere Beachtung. Auch hier sind es nur zwei Einzeltöne, die nach Ausweis der zwei erstgenannten diastematischen Handschriften – und bestätigt durch sämtliche drei adiastematischen Handschriften – zu ändern, d. h. von der Tonstufe *fa* der Vaticana auf *mi* abzusenken sind. Aber welch substantiell wichtige Korrektur auch hier, die im Dienste einer bedeutsamen Wortartikulation und damit einer Profilierung des inhaltlich sinnträchtigen Wortes *mirabilis* steht! Zum Verweilen auf diesem Wort und zu seinem Auskosten lädt im übrigen auch das Episem von Einsiedeln 121 auf der Endsilbe ein, das verhindern will, zu rasch weiterzugehen und damit das kostbare Wort *mirabilis* unreflektiert dem Sog des unmittelbar nachfolgenden Wortakzentes von *fácta est* zu opfern. Abschließend zeigt das folgende Beispiel den Osterintroitus in der Fassung des GrN:[23]

23 GrN I, S. 165.

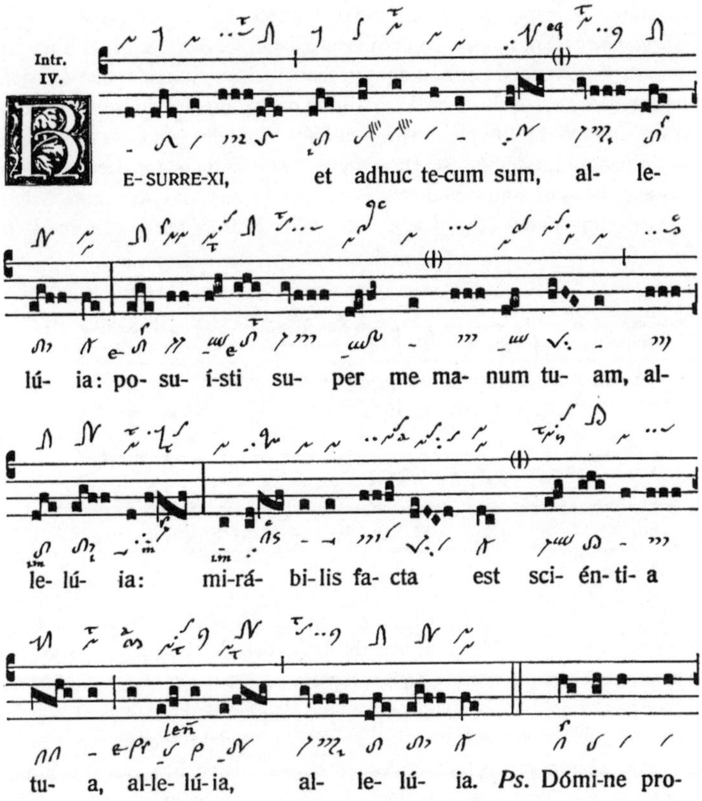

Intr. IV.

B E- SURRE-XI, et adhuc te-cum sum, al- le-

lú- ia: po- su- í-sti su- per me ma- num tu- am, al-

le- lú- ia: mi-rá- bi-lis fa- cta est sci- én- ti- a

tu- a, al-le- lú-ia, al- le- lú- ia. *Ps.* Dómi-ne pro-

Beispiel 13

Auch wer in den gregorianischen Gesängen nach dem Zusammenhang zwischen Wort und Ton auf der semantischen Ebene forscht, wird an der Frage nicht vorbeikommen, inwieweit die Melodiefassung der Editio Vaticana einer älteren, etwa mit den Neumen der ältesten St. Galler Handschriften und von Laon 239 korrespondierenden, oder eher einer jüngeren Überlieferung entspricht. Dies sei im folgenden anhand konkreter Beispiele näher ausgeführt:

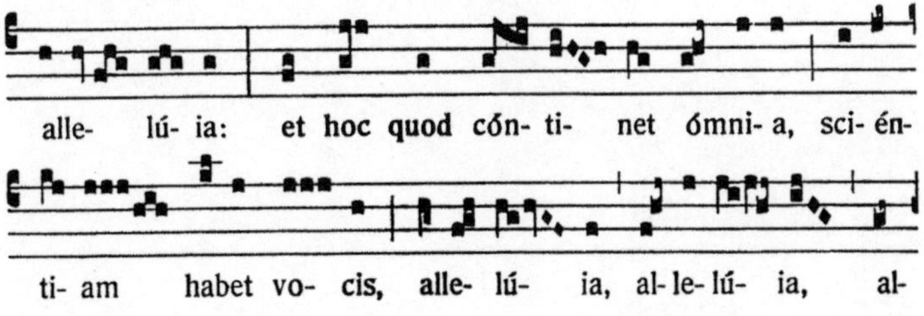

Beispiel 14

Im Pfingstintroitus „Spiritus Domini“ findet sich die Passage *et hoc quod continet omnia, scientiam habet vocis*, hier in der Wiedergabe des GR 1908.[24] Inhaltlich ist dieser Abschnitt gemäß der Intention des gregorianischen Komponisten auf den Hl. Geist bezogen, wobei nach seiner Vorstellung die zweite Texthälfte *scientiam habet vocis* im Kontext der Pfingstliturgie wohl als Anspielung auf das Sprachenwunder am Pfingsttag zu deuten ist. Dass diese Deutung nicht im Bereich purer Spekulation liegt, beweist eine melodische Parallelstelle aus dem Introitus „Victricem“ des Donnerstags in der Osterwoche, und zwar bei *et linguas infantium fecit disertas*:[25]

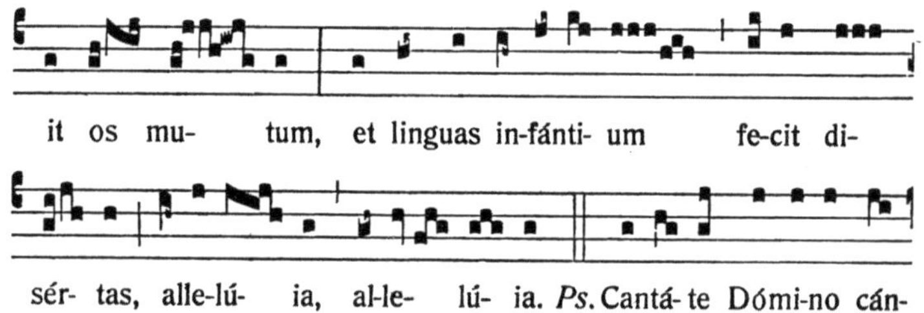

Beispiel 15

Auch hier ist von einem Sprachenwunder die Rede, das die „sapientia“ (Dei) an unmündigen neugeborenen Kindern, den „infantes“ (= den in der Osternacht Neugetauften), vollbringt. Aber wer kommt schon auf den Gedanken, dass es sich in beiden Fällen um zwei sich gleichende Sachverhalte handeln könnte, deren musikalische Entsprechung vom gregorianischen Komponisten bewusst intendiert wurde, da man ja aus dem Notentext der Editio Vaticana nicht erkennen kann, dass in beiden Fällen im Wesentlichen die gleiche Melodieformel vorliegt?! In Wirklichkeit ist im Introitus „Spiritus Domini“ nach dem Zeugnis der ältesten Überlieferung das dreimalige *do* der Vaticana bei *omnia* mit *si*, die Clivis *re-do* der Vaticana bei *scientiam* mit *re-si* (so übrigens auch die Clivis bei *infantium* im Introitus „Victricem“) wiederzugeben sowie auch der Pes *re-mi* der Vaticana bei *habet* auf *si-re* abzusenken, wodurch sich eine weitestgehende Übereinstimmung mit der Parallelstelle im Introitus „Victricem“ ergibt. Hier nun die in Frage stehende Passage des Introitus „Spiritus Domini“ in der korrigierten Wiedergabe des GrN:[26]

24 GR 1908, S. 248.
25 GR 1908, S. 213.
26 GrN I, S. 216.

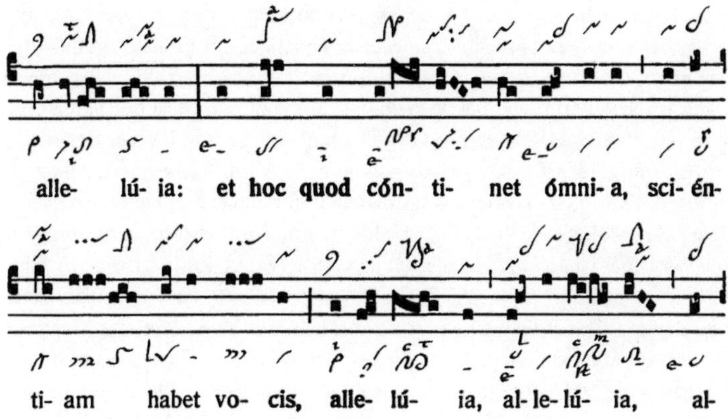

Beispiel 16

Ein weiteres Beispiel findet sich in der Communio „Narrabo“, die hier zunächst in der Melodiefassung des GT wiedergegeben werden soll:[27]

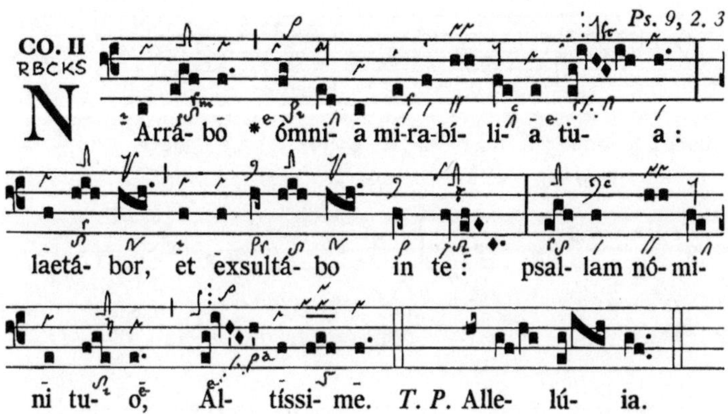

Beispiel 17

Vertraut man sich vorbehaltlos dem Notentext der Vaticana und damit des GT an, ist es naheliegend, in der Vertonung des Wortes *Narrabo* gleich zu Beginn und der Tonfolge des ersten Wortes *psallam* des Schlussteils eine vom Komponisten beabsichtigte melodische Parallelität zu vermuten und den Grund dafür in der weitgehenden inhaltlichen Entsprechung von „narrabo“ und „psallam“ zu sehen. Ein semiologisch geschulteres Auge wird jedoch bei „psallam“ schon beim ersten Hinsehen auf die Neumen des GT misstrauisch. Tatsächlich zeigt dort die Virga der St. Galler Neumennotation auf der Endsilbe des Wortes an, dass dem Neumenschreiber der Hand-

27 GT, S. 281.

schrift Einsiedeln 121 bei „psallam“ eine Melodiefassung vorlag, die der Tonfolge der Editio Vaticana nicht entsprechen kann, da er sonst auf der Endsilbe gemäß der Regel hinsichtlich der Verwendung von Virga und Tractulus statt der Virga einen Tractulus geschrieben hätte (wie bei *Narrabo*). Zieht man nun für diese Stelle eine Reihe diastematischer Handschriften zu Rate[28], stellt sich heraus, dass einer älteren Überlieferung zufolge der Torculus von *psallam* nicht *do-mi-re*, sondern *re-mi-do* ist, wodurch sich dann auch die Virga von Einsiedeln für den nachfolgenden höheren Ton *re* erklärt. So handelt es sich also gar nicht um eine Parallelstelle zur Intonation des Stückes. Viel eher ist an eine Parallelität zu GrN I, S. 234, Zeile 4 (*faciem*), GrN I, S.20, Zeile 2 (*genui*), GrN I, S. 262, Zeile 2 (*et ceciderunt*), GrN I, S. 272, Zeile 4 (*usque*) zu denken. Das Beispiel zeigt, wie gefährlich es sein kann, die Melodieversion der Editio Vaticana ungeprüft zu übernehmen. Etwaige Schlussfolgerungen hinsichtlich des Wort-Ton-Verhältnisses, zumal auf semantischer Ebene, die daraus gezogen werden, könnten sich bei näherem Hinsehen von einem Moment zum andern in Luft auflösen.[29] Hier schließlich noch einmal die Communio „Narrabo“, jetzt in der korrigierten Fassung des GrN:[30]

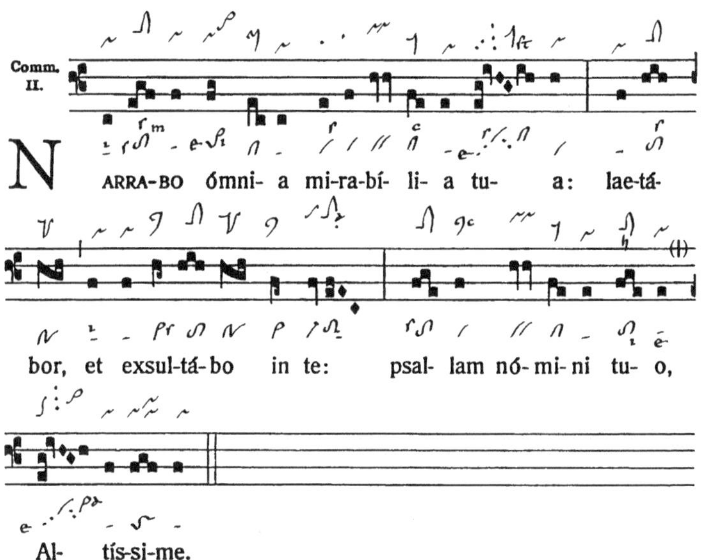

Beispiel 18

28 Vgl. die Restitution dieses Gesangs in BzG 39, S. 25f.

29 Emmanuela Kohlhaas ist in ihrer ansonsten sehr verdienstvollen Dissertationsarbeit *Musik und Sprache im Gregorianischen Gesang* (in: Beihefte zum Archiv für Musikwissenschaft, hg. v. Albrecht Riethmüller, Bd. 49, Stuttgart 2001) im Zusammenhang mit der Communio „Narrabo“ (s. dort S. 323f.) genau dieses Missgeschick passiert.

30 GrN I, S. 251.

Die hier teilweise ausführlich erörterten Beispiele dürften zur Genüge gezeigt haben: Eine Revision der Editio Vaticana nach Maßgabe der ältesten Quellen ist dringend notwendig. Sie ist mehr als eine Frage des persönlichen Geschmacks, denn sie hat letztlich mit der historischen Authentizität und vor allem mit der künstlerischen und geistlichen Identität des Gregorianischen Chorals zu tun. Und um es noch einmal zu betonen: Ob eine Korrektur als wesentlich oder marginal und damit letztlich als uninteressant und überflüssig zu betrachten ist, hängt nicht von der Anzahl der korrigierten Noten ab. Nicht selten genügt ein einziger veränderter Ton, um modale Struktur und Ausdrucksgehalt einer bestimmten Passage in einem anderen Licht erscheinen zu lassen.

III. METHOLOLOGIE DER MELODIERESTITUTION

Das methodologische Grundprinzip, an das sich der Arbeitskreis „Melodierestitution" in allen Phasen seiner Arbeit gehalten hat und das bei schwierigen Entscheidungen immer den Ausschlag gegeben hat, sei gleich vorangestellt: Ausgangspunkt und zugleich oberste Instanz für jegliche Arbeit an der Restitution gregorianischer Melodien sind die ältesten adiastematischen Handschriften des 10. Jhs., die Neumen *in campo aperto* wiedergeben. Bekanntlich enthalten diese Handschriften keine genauen Informationen über den Verlauf der Melodie, dafür aber einen unerschöpflichen Reichtum an rhythmischen Differenzierungen, der die gregorianischen Gesänge dieser Frühzeit auszeichnete, der dann bereits wenig später, eigentlich schon seit dem frühen 11. Jh., zusehends verflachte. Dieser Reichtum an rhythmischen Nuancierungen und oft sehr subtilen Vortragshinweisen ist am besten und genauesten in folgenden drei Handschriften dokumentiert: St. Gallen 359[31] (Cantatorium, ca. 920), Laon 239[32] (ca. 930) und Einsiedeln 121[33] (2. Hälfte 10. Jh.). Neuere Studien haben nahegelegt, dass diesem engen Kreis der maßgeblichen adiastematischen Handschriften wohl ebenfalls – wenn auch nur in Teilen – Codex St. Gallen 342 (teilweise schon ca. 920, unveröffentlicht) zuzurechnen ist.[34] Weitere adiastematische Handschriften nehmen bereits einen etwas niedrigeren Rang ein, sind aber in jedem Fall komplementär zu den drei bzw. vier erstgenannten zu konsultieren: Chartres 47[35] (10. Jh.), Bamberg lit. 6[36] (ca. 1000), St. Gallen 339[37] (Ende 10./Anfang 11. Jh.). Im Bedarfsfall wurden noch weitere adiastematische Handschriften herangezogen, wie z. B. St. Gallen 376 (11. Jh., unveröffentlicht), Benevent 33[38] (10./11. Jh.), Roma, Angelica 123[39] (1. Drittel 11. Jh.). Für die vergleichsweise seltenen Antiphonen außerhalb des Proprium Missae wurde als adiastematische Hauptquelle Codex 390/391 (Hartker) von St. Gallen[40] (zwischen 986 und 1011) zugrunde gelegt und für die Psalmodie der Introiten in erster Linie das Versicularium im Anhang von Codex Einsiedeln 121, bei Bedarf das Versicularium von Codex St. Gallen 381[41] (2. Hälfte 10. Jh.).

31 PALÉOGRAPHIE MUSICALE, Deuxième série (Monumentale) II, Bern 1968.

32 PALÉOGRAPHIE MUSICALE X, Bern 1971.

33 CODEX 121 EINSIEDELN, Weinheim 1991.

34 Vgl. Franz Karl PRASSL, *Codex St. Gallen 342 – das älteste vollständige Graduale aus St. Gallen*, Teil 1 in: BzG 50, S. 49–78; Teil 2 in: BzG 55, S. 75–100.

35 PALÉOGRAPHIE MUSICALE XI, Bern/Frankfurt 1972.

36 MONUMENTA PALAEOGRAPHICA GREGORIANA, Bd. 2, Münsterschwarzach 1986.

37 PALÉOGRAPHIE MUSICALE I, Bern 1974.

38 MONUMENTA PALAEOGRAPHICA GREGORIANA, Bd. 1, Münsterschwarzach 1986.

39 PALÉOGRAPHIE MUSICALE XVIII, Bern 1969.

40 PALÉOGRAPHIE MUSICALE, Deuxième série (Monumentale) I, Bern 1970.

41 STIFTSBIBLIOTHEK ST. GALLEN, *Codices 484 & 381*, hg. v. Wulf ARLT u. Susan RANKIN unter Mitarbeit v. Christina HOSPENTHAL, Bd. III: *Codex Sangallensis 381*, Winterthur 1996. Rekonstruktion und Transskription in: Michael HERMES, *Das Versicularium des Codex 381 der Stiftsbibliothek St. Gallen*, St. Ottilien [2]2010.

Das Zeugnis dieser Handschriften, vorzugsweise der drei bzw. vier erstgenannten, wird als normativ gewertet, und dies sowohl in rhythmischer Hinsicht als auch für die melodische Restitution. Gerade was Letzteres betrifft, bedeutet dies: Die wichtigste Aufgabe der Arbeit an den Melodierestitutionen besteht, wie früher bereits erwähnt, in der Suche nach einer bestmöglichen melodischen Entsprechung zu den Angaben der adiastematischen Handschriften. Letztere enthalten selbst schon gewisse, sehr wichtige Hinweise und Angaben zum Verlauf der Melodie, so vor allem durch die Verwendung melodisch relevanter Buchstaben oder auch die Verwendung bestimmter Neumen bzw. Neumenelemente, die melodische Bedeutung besitzen, und nicht zuletzt durch die räumliche Disposition der Zeichen in Laon 239 und Chartres 47, die schon eine relative Diastematie nahelegen. Andererseits vermögen sie allein keine genauere Auskunft über den Verlauf der Melodie eines Gesangsstückes zu geben. Hierzu bedarf es der Konsultation und des Studiums der diastematischen Quellen, welche ihrerseits nach dem Grad ihrer Übereinstimmung mit den paläographischen Vorgaben der adiastematischen Handschriften und deren semiologischem Befund gewertet und gewichtet werden. Aus semiologischer Sicht gebührt hier, was das Proprium der Messe anbelangt, der Vorrang vor allem zwei Handschriften: Benevent 34[42] (11./12. Jh.) und Paris B.N. lat. 776[43] (Albi, 2. Hälfte 11. Jh.). Gerade in der wichtigen Frage des *si* und *mi* (statt *do* und *fa*) haben sie sich als die zuverlässigsten, der ältesten Überlieferung am nächsten stehenden Handschriften erwiesen. Darüber hinaus sind weitere diastematische Handschriften etwas niedrigeren Ranges zu konsultieren, vor allem: Paris B.N. 903[44] (St. Yrieix, 11. Jh.), Montpellier H. 159[45] (11. Jh.), Graz 807[46] (Klosterneuburg, 12. Jh., Hauptvertreter des sog. germanischen Choraldialektes, mit einer gewissen Nähe zu den Quellen der St. Galler Familie), St. Petersburg O v I 6[47] (Rouen, 12. Jh., gewisse Nähe zu Chartres 47), Verdun 759[48] (Anfang 13. Jh., gewisse Nähe zu Laon 239). Neuerdings kam noch Codex 61 der Bibliothèque municipale von Cambrai (frühes 12. Jh., unveröffentlicht) hinzu, der sich vor allem in der Frage *si* oder *sib* als bedeutsam erwiesen hat. Für die Antiphonen außerhalb des Proprium Missae steht eine Reihe diastematischer Handschriften zur Verfügung, u. a. Benevent 21[49] (12./13. Jh.), Lucca 601[50] (12. Jh.), Worcester F. 160[51] (13. Jh.), Karlsruhe Aug. LX (12. Jh., unveröffentlicht), Karlsruhe, St. Georgen (13./14. Jh., unveröffentlicht), Aachen G 20 (13. Jh., unveröffentlicht).

Die hier aufgeführten Handschriften bildeten für den Arbeitskreis „Melodierestitution“ die unabdingbare Grundlage einer Revision der Melodien des gregorianischen Messpropriums. In diesem Zusammenhang ist natürlich die Frage erlaubt: Genügt

42 Vgl. Anm. 18.
43 Vgl. Anm. 19.
44 PALÉOGRAPHIE MUSICALE XIII, Bern/Frankfurt 1971.
45 Vgl. Anm. 20.
46 Vgl. Anm. 21.
47 St. Petersburg 1912, Nachdruck Olms, Hildesheim 1984.
48 CODICES GREGORIANI II, hg. v. Nino ALBAROSA u. Alberto TURCO, Padua 1994.
49 PALÉOGRAPHIE MUSICALE XXII, Solesmes 2001.
50 PALÉOGRAPHIE MUSICALE IX, Bern 1974.
51 PALÉOGRAPHIE MUSICALE XII, Bern 1971.

diese Anzahl von Handschriften, um zu fundierten Ergebnissen zu kommen? In der Tat ist häufig der Einwand zu hören: Es gibt doch mehrere hundert mittelalterliche Handschriften, vor allem diastematische. Warum werden viele von ihnen nicht berücksichtigt? Ohne auf diese Frage erschöpfend einzugehen, hier der Versuch einer kurzen Antwort: Was die Auswahl der zu konsultierenden Handschriften betrifft, hat Dom Cardine, der selbst von Anfang an Mitglied des Arbeitskreises „Melodierestitution" war, die Richtung vorgegeben. Auf Grund seiner langjährigen Erfahrung als einer der Hauptverantwortlichen für das Solesmenser Projekt einer „édition critique" des Graduale Romanum hat er die Mitglieder des Arbeitskreises davor gewarnt, wahllos viele diastematische Handschriften heranzuziehen. Sinnvoller sei es, sich auf jene Handschriften zu konzentrieren, die in der einen oder anderen Hinsicht am besten mit den maßgeblichen adiastematischen Handschriften, d. h. mit den ältesten Handschriften der St. Galler Familie, mit Laon 239 und Chartres 47, korrespondieren. Und das sind eben die oben genannten diastematischen Handschriften. Dieser von Dom Cardine vorgegebenen Linie ist der Arbeitskreis „Melodierestitution" bei der Erarbeitung des *Graduale Novum I* und *II* grundsätzlich treu geblieben. Im Bedarfsfall jedoch, nämlich dort wo aufgrund dieser Handschriften keine Klarheit erzielt werden konnte, wurden weitere, vor allem diastematische Quellen hinzugezogen. Die Gesamtzahl aller im Arbeitskreis bis zum Jahr 2014 konsultierten Handschriften – inklusive derjenigen, die nur vereinzelt oder sehr selten herangezogen wurden – betrug 131.[52] Und diese Anzahl kann für zukünftige Aufgaben, vor allem dank Internet, bei Bedarf von Fall zu Fall erhöht werden.

In jüngster Zeit begegnet dem Arbeitskreis „Melodierestitution" ein weiterer, noch schwerer wiegender Einwand: Es wird grundsätzlich in Frage gestellt, ob es legitim ist, von den diastematischen Handschriften ab dem 11. Jh. Rückschlüsse auf die den adiastematischen Quellen des 10. Jhs. zugrunde liegende Melodiefassung zu ziehen, da beide Gruppen von Handschriften unterschiedlichen Epochen und damit unterschiedlichen Entwicklungsstadien angehören. Besser sei es, die Melodien in erster Linie aus den adiastematischen Quellen selbst und im Rückgriff auf andere, zeitgenössische oder noch ältere liturgische Gesangsrepertoires, wie z. B. den Altrömischen Choral, zu ermitteln. Und was die genaue Bestimmung der Tonhöhen betrifft, sei es erforderlich, eine repräsentative Auswahl von Handschriften verschiedener europäischer Dialekte zu konsultieren.[53] Auch hierzu nur eine kurze Antwort: Dieser Einwand richtet sich nicht nur gegen die Ergebnisse des Arbeitskreises „Melodierestitution", sondern stellt grundsätzlich alles in Frage, was die gesamte Restauration

52 Vgl. Heinrich Rumphorst, *Handschriftenliste 2014*, in: BzG 57, S. 41–50.

53 Vgl. Geert Maessen, *De tweede fase in de reconstructie van het gregoriaans*, Amsterdam 2008, bes. S. 5–30, 43f., 60–76; Ders., *Zin en onzin van de restituties in de Beiträge zur Gregorianik*, Teil 2, in: Tijdschrift voor gregoriaans, Jg. 35, Nr. 3, S. 87–95. Was von der Empfehlung von Geert Maessen zu halten ist, sich bei der Melodierestitution syllabischer Passagen auf Benevent und Albi zu stützen, bei melismatischen Passagen eher auf Klosterneuburg (Graz 807) und Verdun 759 (s. *Zin en onzin* ..., Teil 2, a.a.O., S. 93), bleibe dem Urteil des Lesers überlassen. Mir jedenfalls erscheint diese Empfehlung ziemlich widersprüchlich und willkürlich.

des Gregorianischen Chorals seit Mitte/Ende des 19. Jhs. hervorgebracht hat, die Gesangsbücher der Editio Vaticana und von Solesmes eingeschlossen. Die den adiastematischen Quellen des 10. Jhs. zugrunde liegende Melodiefassung auf der Basis oder auch nur mit Hilfe des Altrömischen Chorals restituieren zu wollen, gleicht schlichtweg einer Illusion. Altrömischer Choral und Gregorianischer Choral entsprechen – bei allen Gemeinsamkeiten und wechselseitigen Abhängigkeiten – in musikalischer Hinsicht zwei unterschiedlichen liturgischen Gesangstraditionen. Sie enthalten zwar meist das gleiche Textrepertoire und weisen häufig ähnliche modale Strukturen auf, aber in den Details der Melodieführung gibt es weitgehend keine Vergleichbarkeit. Auch wissen wir zu wenig darüber, inwieweit die Melodien des Altrömischen Chorals, so wie sie in den wenigen Handschriften seit dem 11. Jh. dokumentiert sind, als ursprünglich anzusehen sind oder in ihnen bereits eine Entwicklung und Umformung stattgefunden hat. Auf der anderen Seite findet sich in den adiastematischen gregorianischen Handschriften des 10. Jhs. und den diastematischen gregorianischen Handschriften ab dem 11. Jh. im Wesentlichen ein und dasselbe Gesangsrepertoire, und dies von England bis Süditalien und von der Iberischen Halbinsel bis Ostmitteleuropa. Wenn letztere auch Zeugen einer Weiterentwicklung des Gregorianischen Chorals sind, so ist doch eine Vergleichbarkeit in Details mit den adiastematischen Handschriften des 10. Jhs. in hohem Maß gegeben. Dabei ist es natürlich geboten, von gewissen melodischen Varianten, Vereinfachungen oder Systematisierungen in den diastematischen Quellen zu abstrahieren, die der Einführung des Liniensystems bzw. anderer Formen diastematischer Notation oder diversen neuen Einflüssen, etwa in der Begegnung mit der frühen Mehrstimmigkeit oder im Zusammenhang mit den im 12. und 13. Jh. neu gegründeten Orden und nicht zuletzt im Zusammenhang mit den größeren Raumdimensionen der spätromanischen Kirchenarchitektur, geschuldet sind.

Der Weg, den der Arbeitskreis „Melodierestitution“ eingeschlagen hat, um die mit den maßgeblichen adiastematischen Handschriften bestmöglich übereinstimmende Melodiefassung zu ermitteln, lässt sich am prägnantesten mit dem Stichwort *vergleichendes Quellenstudium* umreißen. Diesem Zweck dienten die großformatigen, für jedes Gesangsstück eigens angefertigten Restitutionsbögen, von denen bereits in den Ausführungen zur Vorgeschichte des *Graduale Novum* die Rede war. Komplementär dazu – und in vielen Fällen sehr hilfreich – bot sich die Methode des *vergleichenden Formelstudiums* an. In Anbetracht der Tatsache, dass das gregorianische Repertoire einen reichen Bestand an mehrfach und oft modusübergreifend verwendeten Melodieformeln aufweist, konnte nicht selten der Blick auf das Verhalten der Handschriften in einem Parallelfall derselben Formel zur Klärung eines Zweifelsfalles beitragen.

Im Folgenden sei ein Beispiel eines solchen Restitutionsbogens vorgestellt, der die Gelegenheit bietet, auf die eine oder andere an der Vaticana vorgenommene Korrektur näher einzugehen. Ich habe bewusst den allerersten Gesang des Proprium Missae des Kirchenjahres, den Introitus „Ad te levavi“ des Ersten Adventsonntags, ausgewählt, weil er in puncto Melodierestitution besondere Probleme aufwirft, aber auch weil gerade dieses Stück in der Wiedergabe des *Graduale Novum* auf Kritik gestoßen ist. Er sei hier mit Ausnahme des Schlussteils wiedergegeben:

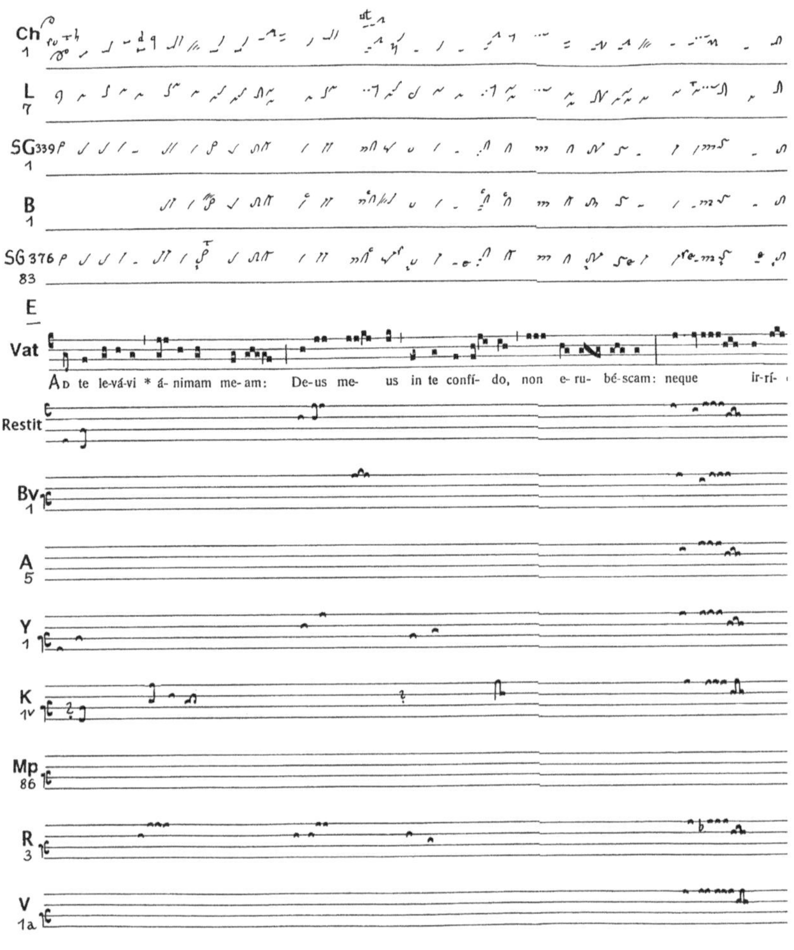

Beispiel 19

Und so präsentiert sich der Introitus „Ad te levavi“ im *Graduale Novum I* (siehe Beispiel 20 rechts):[54]

Das größte Problem einer quellenkritischen Untersuchung dieses Introitus besteht darin, dass er als allererstes Stück des Messpropriums des gesamten Kirchenjahres in einigen Handschriften gar nicht, in anderen Handschriften nur teilweise vorhanden ist. So fehlt er in Einsiedeln 121 ganz, wo das entsprechende Blatt verlorengegangen ist und das Proprium Missae des Ersten Adventsonntags erst mit dem Alleluia und seinem Vers „Ostende nobis“ beginnt. Und in Benevent 34 setzt die musikalische Notation des Introitus erst bei dem Wort *animam* ein, in Paris B.N.

54 GrN I, S. 3.

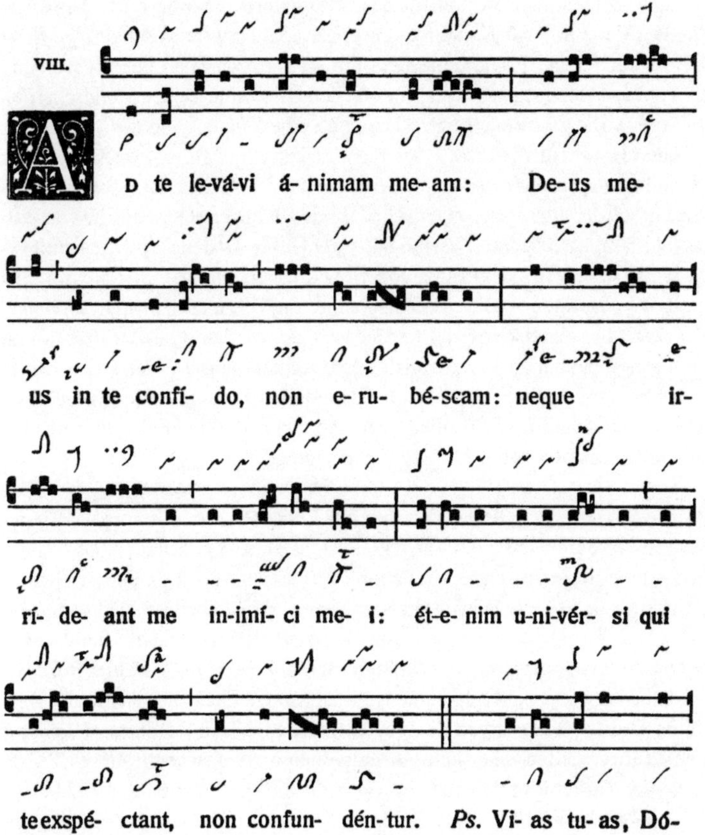

Beispiel 20

lat. 776 (A=Albi) bei *Deus meus*. Dieser Umstand macht eine fundierte Restitution der Intonation des Stückes so schwierig. Mit einiger Sicherheit kann gesagt werden, dass der Anfangston *sol* der Vaticana, der in Montpellier, Rouen und Verdun belegt ist, nicht ursprünglich, sondern wohl darauf zurückzuführen ist, dass in etwas späterer Zeit diesem Introitus der Introduktionstropus „Gregor praesul" vorgeschaltet wurde, der auf *sol* endet. Sehr viel mehr spricht für den Anfangston *re*, der in weiteren Handschriften der Beneventaner Tradition, außerdem in Paris B.N. lat. 903 (Y=St. Yrieix) und dem Codex Harleianus[55] – beide aquitanische Handschriften – sowie in vielen deutschen Handschriften bezeugt ist. Doch damit sind noch nicht alle Probleme im Zusammenhang mit der Intonation des Stückes gelöst. Die meisten deutschen diastematischen Handschriften geben für die Präposition *Ad* einen nicht-

55 GRADUALE VON TOULOUSE, London, British Museum Harleian 4951, 11. Jh., unveröffentlicht.

liqueszierenden Einzelton *re* an und für das Personalpronomen *te* einen Pes *do-fa* (ob der Pes von Graz 807 (K=Klosterneuburg) tatsächlich, wie es scheint, *re-fa* ist oder vielleicht doch auch *do-fa*, kann nicht mit letzter Sicherheit geklärt werden). Man kann wohl annehmen, dass diese Version den adiastematischen Handschriften der St. Galler Familie zugrunde liegt, wenn auch eine Wiedergabe des Cephalicus mit zwei Tönen *re-do* für die erste Silbe nicht auszuschließen ist, wie sie von der einen oder anderen späteren deutschen Handschrift wie z. B. dem Moosburger Graduale[56] bezeugt wird. Auch einige Handschriften der Beneventaner Familie wie z. B. Monte Cassino 540[57] und Monte Cassino 546[58] geben für *Ad* den Cephalicus mit *re-do* wieder, *te* jedoch nur mit dem Einzelton *fa.* Diese Version dürfte wohl Laon 239 und Chartres 47 zugrunde liegen und entspräche, im Vergleich zur mutmaßlichen Version der St. Galler Handschriften (*Ad = re, te = do-fa*), damit bei der Präposition *Ad* wohl einer neumaphagen Liqueszenz. Alles in allem spricht vieles dafür, hier zwischen der Version der meisten deutschen Handschriften und derjenigen einiger Beneventaner Handschriften zu wählen. Der Arbeitskreis „Melodierestitution" hat sich für St. Gallen und die deutsche Tradition entschieden.

Über der Endsilbe von *Deus* findet sich im GrN I eine Bivirga mit vorgeschalteter tieferer Note (initio debilis), die in Laon 239 und Chartres 47 bezeugt ist. Dass diese Note auf die Tonstufe *la* zu setzen ist, geht bereits aus der Position der Zeichen in Laon und Chartres hervor, die beide den ersten Peston gleich hoch wie den vorausgehenden Einzelton von *Deus* wiedergeben, und wird außerdem durch die Handschrift von St. Petersburg O v I 6 (R=Rouen) bestätigt. Marcel Zijlstra hat in seiner Rezension des *Graduale Novum I* zu Recht bemängelt, dass im kritischen Apparat der BzG zum Introitus „Ad te levavi" zwar als Zeugen für den tieferen Zusatzton Laon und Chartres angeführt werden, aber kein Grund genannt wird, warum dieser Ton *la* sein soll.[59] In der Tat fehlt in den BzG der Verweis auf die Position der Zeichen in Laon und Chartres sowie auf Rouen, wo die Zusatznote *la* klar zu lesen ist. Aber in der Sache hat Zijlstra nicht recht, wenn er sagt, für den Zusatzton *la* gebe es keinen Beweis, sondern man habe sich „ausschließlich auf Grund einer Theorie" für ihn entschieden.[60] In Laon, Chartres und Rouen ist der Zusatzton *la* klar belegt.

Schließlich hat auch die Korrekturstelle bei *neque* Anlass zur Kritik geboten. Über der ersten Silbe findet sich in Benevent 34 und anderen Beneventaner Handschriften eine Virga mit einer vorgeschalteten kleinen Öse, die einen weichen stimmlichen Ansatz, eine Art gleitenden Stimmeinsatz garantieren soll. Dieses typisch beneventanische Phänomen hat Rupert Fischer umfassend erforscht und das Ergebnis seiner Untersuchungen in mehreren Beiträgen mitgeteilt, so in seiner Vorstellung der Co-

56 MÜNCHEN UNIV. BIBL. 2° Cod. ms. 156, Mitte 14. Jh., hg. v. David HILEY, Tutzing 1996.
57 MISSALE (pars hiemalis) von MONTE CASSINO, 11./12. Jh., unveröffentlicht.
58 GRADUALE (pars hiemalis) von MONTE CASSINO, 12./13. Jh., unveröffentlicht.
59 Vgl. BzG 21, S. 13f., Korrekturstelle 3.
60 Vgl. Marcel ZIJLSTRA, *Graduale Novum: gebruiksboek of editio magis critica?*, in: Tijdschrift voor gregoriaans, Jg. 36, Nr. 3, S. 65.

dices Benevent 34 und Benevent 33 in BzG 22[61] und 27[62] und in seiner Einführung zur Publikation des Codex Benevent 40[63] sowie vor allem in seinem umfangreichen, fast 100 Seiten füllenden Artikel *Il fenomeno dell'inizio morbido nei manoscritti beneventani* in Studi Gregoriani XII[64]. Aus diesen Untersuchungen geht klar hervor, dass besagte Öse keinen zusätzlichen Ton anzeigt und dass es sich folglich bei *neque* in Benevent 34 und anderen beneventanischen Handschriften tatsächlich nur um einen einzigen Ton *do*, nicht um einen Pes *si-do* handelt, wie Marcel Zijlstra meint, der dem Arbeitskreis „Melodierestitution" vorhält, sich hier auf keine einzige Handschrift berufen zu können[65].

Bei *neque* ist im *Graduale Novum I* die der Tristropha von St. Gallen vorgeschaltete, rhythmisch bedeutsame Note von *do* auf *si* herabgesetzt. Dies wird belegt durch Benevent 34 und andere beneventanische Handschriften sowie den Codex Harleianus (Toulouse) und entspricht im übrigen auch dem Tractulus der Codices St. Gallen 376 (SG 376)[66] und Bamberg lit. 6 (B) sowie der Position der Zeichen in Chartres 47, eventuell auch in Laon 239. Dass das „equaliter" in der einen oder anderen Handschrift der St. Galler Familie auch „Halbton"-Beziehung bedeuten kann, sollte hinlänglich bekannt sein. Die Varianten von Albi, St. Yrieix, Klosterneuburg und Rouen können hier nicht in Betracht gezogen werden, da sie im Gegensatz zu den adiastematischen und vorhin genannten diastematischen Handschriften den der Tristropha von St. Gallen vorgelagerten Ton gar nicht haben. Auch in diesem Punkt trifft also die Kritik von Marcel Zijlstra, der gegen diese Korrekturstelle im *Graduale Novum* die Version von Albi anführt, nicht zu.[67]

Zusammenfassend können wir festhalten, dass die drei hier erörterten Korrekturen gegenüber der Version der Editio Vaticana gut begründet sind, wobei man sich gleich zu Beginn, bei *Ad te*, zwischen zwei gleichwertigen Lösungen zu entscheiden hatte. Die Kritik von Marcel Zijlstra legt unzureichende Kenntnisse gewisser Handschriften und einschlägiger paläographischer und semiologischer Veröffentlichungen an den Tag und ist, was die Melodierestitution des Introitus „Ad te levavi" im *Graduale Novum* betrifft, in allen Punkten haltlos und hinfällig.

---

61 Vgl. Rupert Fischer, *Benevento, Biblioteca capitolare, cod. 34*, in BzG 22, S. 111–135, hier bes. S. 125f.

62 Vgl. Ders.., *Benevento, Biblioteca capitolare, cod. 33*, in: BzG 27, S. 69 u. 73.

63 Vgl. Ders.., *Die rhythmische Aussage von Benevento 40*, in: CODICES GREGORIANI I, hg. v. Nino Albarosa und Alberto Turco, Padua 1991, S. IX–XII, hier bes. S. XII.

64 In: Studi Gregoriani XII (1996), S. 5–95.

65 Vgl. Marcel Zijlstra, a.a.O., S. 65.

66 Mehrmals hat sich Marcel Zijlstra in seiner Rezension im Zusammenhang mit dem Introitus „Ad te levavi" auf die Handschrift Einsiedeln 121 berufen, obwohl dieser Introitus dort gar nicht vorhanden ist. Dies ist ja genau der Grund, warum hier sowohl im GT als auch im GrN die Neumen der Handschrift St. Gallen 376 wiedergegeben sind.

67 Vgl. Marcel Zijlstra, a.a.O., S. 66.

IV. BESONDERE PROBLEME UND HERAUSFORDERUNGEN

Wenn im Folgenden von besonderen Schwierigkeiten im Zusammenhang mit der Melodierestitution die Rede ist, bedeutet dies keineswegs, dass dadurch das gesamte Projekt „Melodierestitution" in Frage gestellt wäre. Nein, das Gegenteil ist der Fall: In der überwältigenden Mehrheit der Gesänge konnte bis ins Detail die den adiastematischen Quellen zugrunde liegende Melodieversion aufgefunden werden, dies vor allem dank des vergleichenden Studiums einer großen Anzahl verfügbarer Handschriften unterschiedlichster Schreibfamilien und unterschiedlichster Regionen Europas.

Dort wo im Fall mehrerer Melodievarianten für ein und dieselbe Stelle Zweifel in Bezug auf die ursprünglichere Lesart geblieben sind, haben sich die Mitglieder des Arbeitskreises „Melodierestitution" darauf verständigt, entweder die Version der Vaticana zu belassen, sofern diese durch die handschriftliche Überlieferung gut abgedeckt ist, oder zwei Versionen zur Auswahl anzubieten. Durch erstere Lösung sollte gezeigt werden, dass es in der Arbeit an der Melodierestitution nicht um eine Änderung der Melodie der Vaticana um jeden Preis geht, dass, im Gegenteil, der in der Editio Vaticana erzielten Leistung gebührender Respekt entgegengebracht wird. Durch das Angebot zweier Versionen, auf das allerdings sehr selten zurückgegriffen wurde, sollte die Möglichkeit eingeräumt werden, dass es in dem einen oder anderen Fall tatsächlich zwei unterschiedliche gleichwertige Lösungen geben kann, die beide gleich gut den von Paläographie und Semiologie vorgegebenen Daten entsprechen.

IV.1 PROBLEM SI NATURALE ODER SI BEMOLLE

Unbeschadet der Tatsache, dass die Arbeit an der Melodierestitution aufs Ganze gesehen positive Resultate erbracht hat, sollen besondere Schwierigkeiten und Hindernisse nicht verschwiegen werden, deren Überwindung für den Arbeitskreis „Melodierestitution" eine große Herausforderung darstellte. Probleme dieses Schwierigkeitsgrades gab und gibt es in der Tat in nicht seltenen Fällen, und manche von ihnen werden sich kaum jemals lösen lassen. Hier ist in erster Linie die Frage des *si naturale* und *si bemolle* zu nennen, die schon seit jeher eine wahre Crux der Restitution gregorianischer Melodien ist und dies wohl auch in Zukunft bleiben wird. Worin die Problematik in diesem Zusammenhang besteht, lässt sich kurz folgendermaßen umreißen: Weder die adiastematischen Handschriften noch die diesen am nächsten stehenden diastematischen Handschriften – allen voran Benevent 34 und Albi (Paris, B.N. lat. 776) – schreiben ein *b* bzw. geben durch ein entsprechendes Zeichen den Ton *sib* an. Das heißt aber nicht, dass dieser Ton nicht gesungen wurde. Dass er tatsächlich schon zur Zeit der Entstehung des ältestesten gregorianischen Repertoires gesungen wurde, ist sicher. Nicht zuletzt geht dies klar aus den Forschungen des letzten Jahrhunderts im Bereich der gregorianischen Modalität hervor.

Aber allein auf Grund der eben genannten Handschriften kann man in vielen Fällen nicht wissen, ob es sich um *si naturale* oder *si bemolle* handelt. Andererseits stammen die frühesten diastematischen Handschriften, die ein *b* schreiben oder durch ein Sonderzeichen zwischen *si* und *sib* unterscheiden können, erst aus dem 11./12. Jh. und gehören damit einem späteren Entwicklungsstadium der handschriftlichen Überlieferung an, das gekennzeichnet ist durch eine Reihe neuer Einflüsse. Und dies bedeutet, dass die Angaben dieser Handschriften in Bezug auf *si* und *sib* für die Melodierestitution zwar wichtig, aber doch mit Vorsicht zu bewerten sind.

Dennoch ist man heute in dieser schwierigen Frage ein gutes Stück vorangekommen. Zum einen ist es gelungen, gewisse bislang strittige Fälle *dank der Semiologie* zu klären. Das folgende Beispiel, der Introitus „Gaudete", hier in der Wiedergabe des GT[68], enthält gleich mehrere solcher fraglichen Stellen:

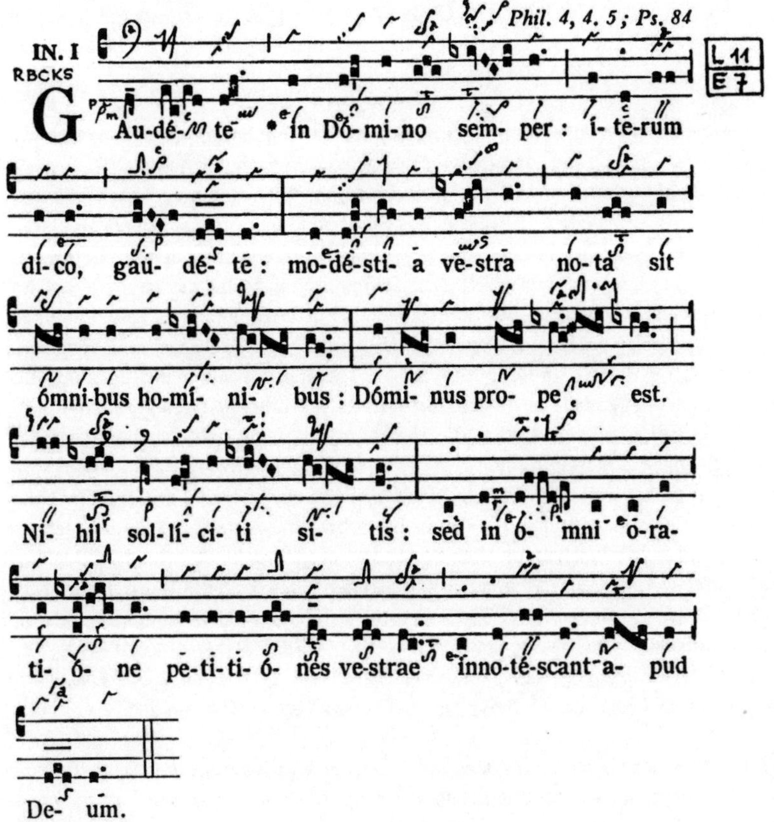

Beispiel 21

68 GT, S. 21.

An einigen Stellen dieses Introitus sind wohl kaum Zweifel an der Berechtigung des *sib* der Vaticana angebracht. So schon in der ersten Zeile bei *semper*, wo nicht zuletzt die mit einem Quilisma-Pes beginnende Neume von Laon auf eine Halbtonbeziehung hindeutet. Ebenso wenig wird man die Richtigkeit des *sib* bei *modestia vestra*, *hominibus* und *solliciti* ernsthaft in Zweifel ziehen, da es sich hier um formelhafte Wendungen handelt, die einen Halbtonanstieg zum Spitzenton erfordern.

Weitere Stellen, an denen die Vaticana ein *b* anbringt, sind aber von vornherein weniger eindeutig. So bei *prope est*, wo nach Maßgabe der Vaticana *si bemolle* gesungen werden soll. Es handelt sich hierbei um eine Kadenzformel, die mehrmals vorkommt, so z. B. zweimal im Introitus „Laetare Ierusalem" und zu Beginn des Introitus „Gaudeamus". Sie war Gegenstand einer von Stephan Zippe durchgeführten Untersuchung, die in den BzG vorliegt[69] und die als wichtiges Resultat folgende Gesetzmäßigkeit aufgedeckt hat: Wenn die Clivis vor dem Quilisma ganztönig ist, muss auch der Porrectus nach dem Quilisma ganztönig sein. Daraus ergibt sich von selbst, dass auch die abschließende Clivis ganztönig sein muss. Also ist hier das *b* der Vaticana zu streichen und *si naturale* zu singen.

Die Frage, ob bei *Nihil solliciti sitis* dem *b* der Vaticana zu folgen oder *si naturale* zu singen ist, erweist sich zunächst als besonders schwierig, da hier die Quellenlage nicht eindeutig ist. Aber ein Blick auf die beiden im GT wiedergegebenen Neumennotationen von Einsiedeln 121 und Laon 239 vermag die Situation sofort zu klären. In beiden Handschriften findet sich über *Nihil* ein Torculus initio debilis als Torculus der Wortartikulation mit ausdrücklicher Dehnungsangabe für die zweite und dritte Note. Dass aber ein Torculus initio debilis der Wortartikulation nur ganztönig sein kann, gilt im Kreis der Semiologen schon seit den 60er Jahren als unbestrittenes Faktum. Tatsächlich ist im Repertoire der Messgesänge – wenn man einmal den hier zur Frage stehenden Fall sowie den ebenfalls korrekturbedürftigen Parallelfall *nihil* in GT 468, 7 (korrigiert in GrN I 402, 5) nicht in Rechnung stellt – kein einziger Fall bekannt, wo ein isolierter Torculus auf der Endsilbe eines Wortes und mit Halbtonbeziehung zwischen erster und zweiter sowie zwischen zweiter und dritter Note in den Handschriften als Torculus initio debilis mit schwacher Anfangsnote und gedehnter zweiter und dritter Note anzutreffen ist. Anders ausgedrückt: Bei Halbtonbeziehung findet sich der insgesamt kurrente Torculus oder – gegebenenfalls – der durchweg nichtkurrente Torculus, nie der Torculus initio debilis mit Dehnung der zweiten und dritten Note. Hierzu einige Beispiele: GrN I 9, 5 (= GT 20, 3) *convertens*; GrN II, 51, 4 (= GT 100, 1) *Domino*; GrN II, 58, 1 (= GT 104, 6) *mecum*; GrN I 271, 5 (= GT 294, 5) *omnibus*; GrN I 82, 3 (= GT 306, 6) *Domine* (zum Vergleich: *reponat*!).

Das letzte *b* der Vaticana bei *oratione* ist im GrN in Klammern gesetzt. Hier ist die Quellenlage nicht eindeutig genug, um *sib* bzw. *si naturale* obligatorisch vorzuschreiben. Auf die Begründung der in Klammern gesetzten Vorzeichen und deren

69 Stephan Zippe, *Die Formel in den Gesängen des gregorianischen Messpropriums*, in: BzG 32, S. 29–56.

Bedeutung sowie den Umgang mit ihnen wird später noch näher einzugehen sein. Abschließend hier der Introitus „Gaudete“ in der Wiedergabe des GrN[70]:

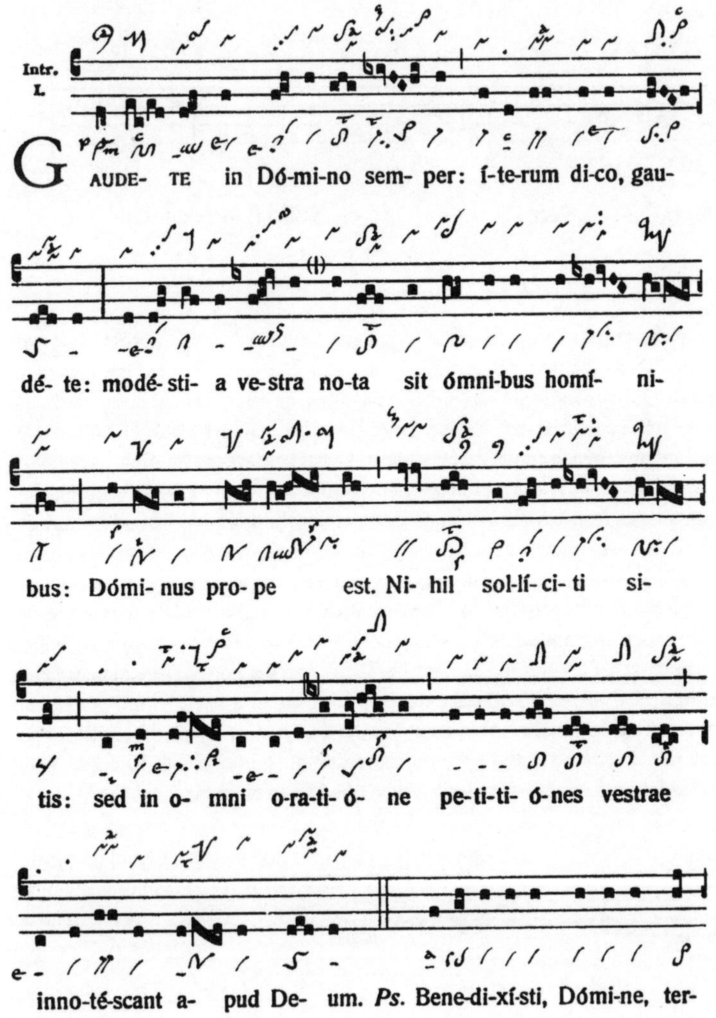

Beispiel 22

70 GrN I, S. 11.

Folgendes Beispiel in der Wiedergabe des GrN[71] ist dem Graduale „Viderunt“ der Missa in Die von Weihnachten entnommen:

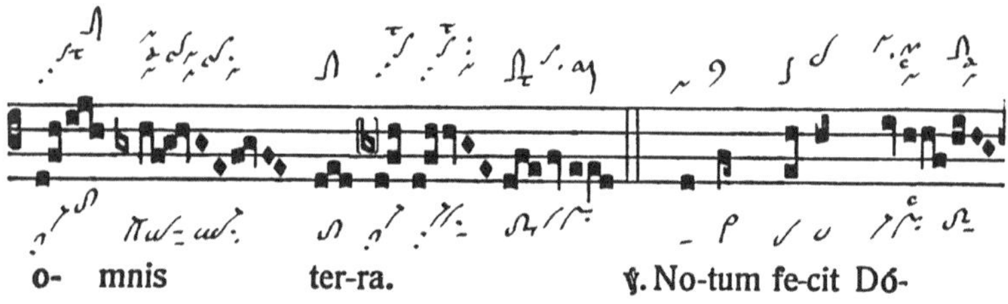

Beispiel 23

Zur Frage stehen hier sowohl das *b* der Vaticana (und auch des GrN) bei *omnis* als auch das im GrN in Klammern gesetzte *b* bei *terra*. Bei *omnis* könnte man versucht sein, die erste Quilismanote als *si naturale* zu deuten, da ohne Zweifel der bevorzugte Ort für das Quilisma der Halbton unter einer subsemitonalen Tonstufe ist. Dass hier jedoch das *b* der Vaticana (und des GrN) korrekt ist, hat uns die Semiologie gelehrt, genauer: Walter Wieslis Dissertation über das Quilisma[72], der wir die Erkenntnis verdanken, dass das zweizackige Quilisma des Cantatoriums St. Gallen 359 – um ein solches handelt es sich hier – vom Schreiber dieser Handschrift nur dann verwendet wird, wenn die Distanz zum nachfolgenden höheren Ton ein Ganzton ist. Was die zweite Stelle bei *terra* betrifft, hat Heinrich Rumphorst alle 5 Fälle dieser Formel in 9 diastematischen Handschriften untersucht, mit dem Ergebnis, dass in 4 Fällen *sib* besser bezeugt ist als *si naturale* und im 5. Fall, wo die Formel in einem anderen Modus auftritt und um eine Sekund nach oben transponiert ist, ebenfalls vieles für einen Ganztonabstieg spricht.[73] Aber auch hier ist die Quellenlage nicht eindeutig genug, um in den 4 Fällen *sib* statt *si naturale* verbindlich vorzuschreiben. Die Wahl zwischen beiden sollte daher dem Interpreten überlassen bleiben.

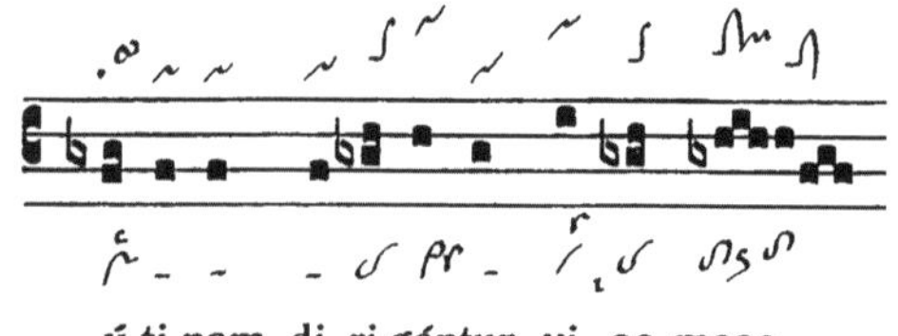

Beispiel 24[74]

71 GrN I, S. 29, 3.

72 Walter Wiesli, *Das Quilisma im Codex 359 der Stiftsbibliothek St. Gallen*, Immensee 1966.

73 Vgl. Heinrich Rumphorst, *Die Schlussformel im Responsum des Graduale Viderunt omnes*, in: BzG 22, S. 36–39.

74 GrN I, S. 331,6

Dass in diesem Beispiel aus der Communio „Tu mandasti" das *b* des GrN I (und der Vaticana) über *utinam* mit ziemlicher Sicherheit korrekt ist (und infolge dessen wohl auch das *b* über *dirigantur* und *viae meae*), dürfte durch die Tatsache belegt sein, dass sich an dieser Stelle in Einsiedeln 121 eine Virga strata bzw. in Laon 239 die entsprechende Oriscus-Graphie findet. Im rezitativischen Kontext, der hier vorliegt, kommen aber diese Graphien, sofern sie für eine Pesbewegung stehen, normalerweise nur mit Halbtonbeziehung vor. Zum Beweis seien zwei Psalmrezitationen angeführt, die eine mit dem Psalmvers *Diligam te Domine* des Introitus „Factus est Dominus" im I. Modus (Beispiel 25), die andere mit dem Psalmvers *Exaudi Deus* des Introitus „Dum clamarem" im III. Modus (Beispiel 26)[75]:

(260) A: **Factus est dominus** *p126* **I:** K E G376 Mi1 Mi2 Mp Al Y Bv33 Bv34 An Kl Vat

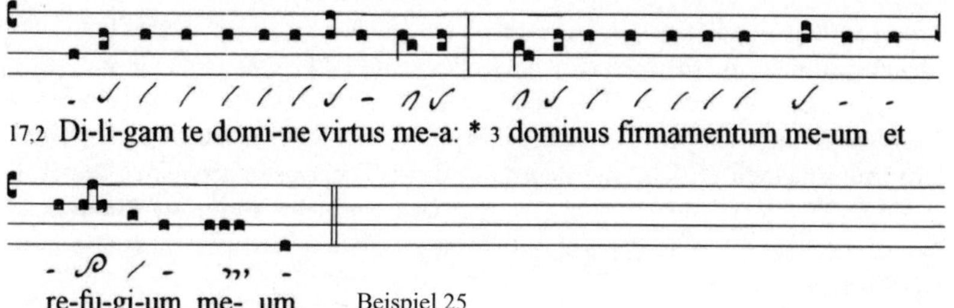

Beispiel 25

(74) A: **Dum clamarem** *p71* **III:** K E G376/342 Mi1 Mi2 Mp Al Y Bv33 Bv34 An Kl Vat

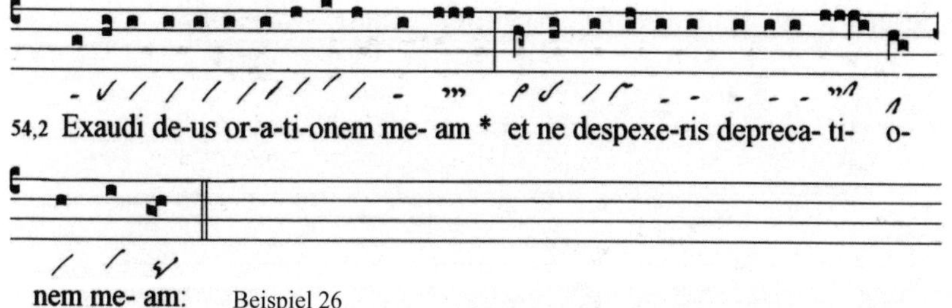

Beispiel 26

In Beispiel 25 findet sich über *meum* im zweiten Halbvers ein typischer Akzentpes inmitten einer längeren Rezitation. Hier ist keine Virga strata zu sehen, sondern ein gewöhnlicher Pes rotundus, weil keine Halbton-, sondern die Ganztonbeziehung *la-si* vorliegt. Anders in Beispiel 26, wo über *despexeris* im zweiten Halbvers ebenfalls ein Akzentpes anzutreffen ist, dieses Mal aber nicht als Pes rotundus, sondern – wie in Beispiel 24 über *utinam* – als Virga strata, die auf die Halbtonbeziehung *si-do* des Pes und den nachfolgenden Abstieg auf das *si* hinweist.

75 Beide Psalmverse sind Michael HERMES, *Das Versicularium des Codex 381 der Stiftsbibliothek St. Gallen*, St. Ottilien ^{2}2010, S. 237 u. 115 entnommen.

Ergänzend sei angemerkt, dass das in den Beispielen 24–26 gesichtete und beschriebene Phänomen in allen psalmodisch rezitativischen Kontexten des Proprium Missae bestätigt wird. Grundsätzlich gilt hier: Ist der Akzentpes innerhalb der Rezitation ein Ganztonpes, findet sich in den ältesten St. Galler Handschriften normalerweise der Pes rotundus. Ist er hingegen ein Halbtonpes, findet die Virga strata Verwendung.

So zeigen die zuletzt vorgestellten und erörterten Beispiele, dass es in nicht wenigen Fällen bereits dank bestimmter semiologisch gesicherter Daten möglich ist, die Natur der Tonstufe *si* zu erkennen, d. h. klar zu unterscheiden zwischen *si naturale* und *si bemolle*.

Ein anderer Weg zu dem gleichen Ziel führt gelegentlich über das Phänomen der *Transposition*. In der Tat ist es gar nicht so selten, dass eine Formel oder Teile einer Melodie oder sogar eine Melodie als Ganzes sich in einem anderen Gesang (bzw. auch innerhalb ein und desselben Gesangs) in einer höher oder tiefer transponierten Lage wiederfinden, wodurch häufig sogar ein neuer Modus entsteht. So kann z. B. eine Protusmelodie (I. Modus) gelegentlich durch Transposition zu einer Deuterusmelodie (III. Modus) oder, umgekehrt, eine Deuterusmelodie zu einer Protusmelodie werden. Das folgende Beispielpaar (Beispiele 27 und 28) macht diesen Sachverhalt sichtbar[76]:

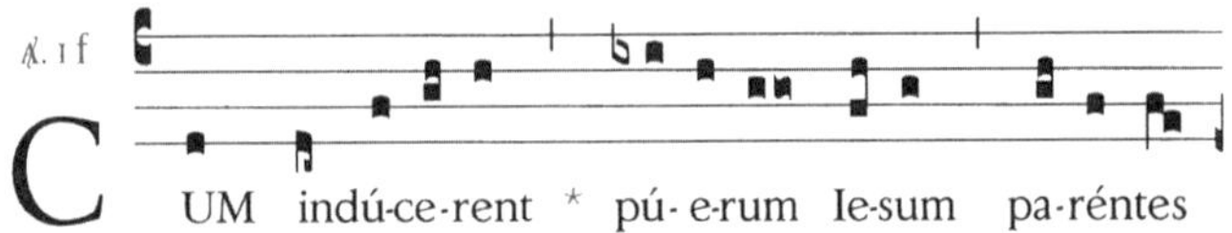

Beispiel 27

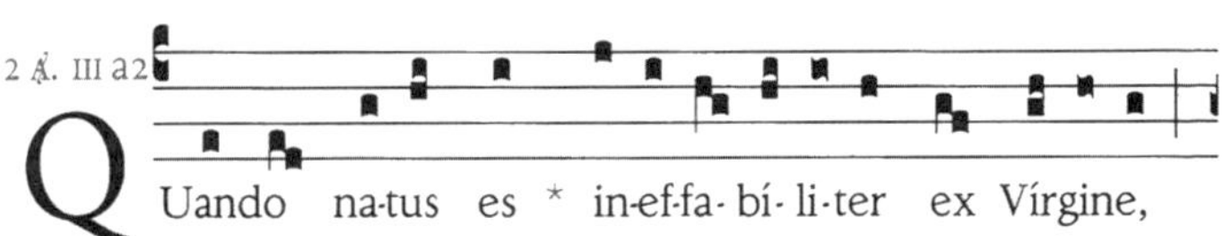

Beispiel 28

Beispiel 27 zeigt eine in zahlreichen Offiziumsantiphonen verwendete Typusmelodie im I. Modus, die – einen Ton höher gesetzt, wie in Beispiel 28 – bei substantiell gleichbleibender Melodieführung zu einer Antiphon im III. Modus mutiert. Beispiel 28 im III. Modus macht seinerseits deutlich, dass das *si* von Beispiel 27 im I. Modus nur *sib* sein kann.

76 Beide Beispiele finden sich in: LIBER ANTIPHONARIUS PRO DIURNIS HORIS, Solesmes 2005–2007, Beispiel 27 in: Bd. III (2007), S. 24, Beispiel 28 in: Bd. I (2005), S. 83.

Nicht immer sind die Dinge so einfach durchschaubar wie in den zuletzt vorgestellten Beispielen. In der Tat gibt es Beispiele – und sie sind keineswegs selten –, wo man nicht auf das Argument der Transposition zurückgreifen kann und weder das Zeugnis der Handschriften noch paläographisch-semiologische Daten ausreichen, um die Natur des *si* zu bestimmen. In solchen Fällen bleibt nur noch der Weg der *modalen Strukturanalyse*. Auf dieser Basis lassen sich nach heutigem Wissensstand folgende Kriterien für die Wahl zwischen *si naturale* und *si bemolle* aufstellen: Ist die Tonstufe *la* Ausgangspunkt einer Höherentwicklung der Melodie, etwa in Richtung *do* als Zielpunkt, wird man ein zwischen den Polen *la* und *do* auftretendes *si* wohl meist als *si naturale* zu verstehen haben. Umkreist die Melodie hingegen die Tonstufe *la*, ohne sich in die Höhe zu entwickeln, dürfte im Fall eines *si* eher *si bemolle* anzunehmen sein. Dies gilt umso mehr, wenn sich die Melodie von der Tonstufe *la* abwärts bewegt, zum *sol*, *fa* oder *re*.

Ist man ganz allein auf die modale Strukturanalyse angewiesen, ohne dass diese durch semiologische Daten und/oder das Zeugnis der Handschriften gestützt wird, versteht es sich von selbst, dass man in dieser schwierigen Frage nach der Natur des *si* kaum von gesicherten Resultaten sprechen kann. Tatsächlich gibt es immer wieder Fälle, wo man diesbezüglich auch nach intensivem Studium der verschiedensten Faktoren und nach Abwägung der verschiedensten Gesichtspunkte zu keinem eindeutigen und schlüssigen Ergebnis kommt. In solchen Fällen haben es die Mitglieder des Arbeitskreises „Melodierestitution" vorgezogen, *si naturale* bzw. *si bemolle* als fakultativ anzugeben. Im GrN findet sich dann das *b* in eckige Klammern gesetzt, wie u. a. in den Beispielen 22 und 23 bei *oratione* bzw. *terra* zu sehen ist.

IV.2 PROBLEM CHROMATISMUS

Ein weiterer Problemkreis betrifft die *Frage des Chromatismus* im Gregorianischen Choral. Nach der Musiklehre des Mittelalters war in der Notation von gregorianischen Gesängen eine einzige chromatische Alteration möglich, diejenige des eingestrichenen *si naturale* zu *si bemolle* und umgekehrt. Wir wissen aber heute, dass es in der gregorianischen Gesangspraxis – und dies gar nicht so selten – auch andere chromatisch alterierte Töne gab, vor allem *mib*, *fa#* und *do#*. Nur konnten bzw. durften alle chromatisch alterierten Töne – mit Ausnahme des eingestrichenen *sib* – nicht notiert werden.

Diese Kenntnis verdanken wir einer wegweisenden Studie aus dem Jahr 1897 von Gustav Jacobsthal[77] sowie neueren Forschungen von Stefan Engels[78], Franz Karl

77 Gustav JACOBSTHAL, *Die chromatische Alteration im liturgischen Gesang der abendländischen Kirche*, Berlin 1897, Nachdruck Olms, Hildesheim 1970.

78 Stefan ENGELS, *Das Antiphonar von St. Peter in Salzburg*, in: Beiträge zur Geschichte der Kirchenmusik, hg. v. Hans Joachim MARX und Günther MASSENKEIL, Bd. 2, Paderborn 1994, bes. S. 272f; Ders., *Adiastematische Neumen mit melodischer Zusatzbedeutung – ein wichtiges Hilfsmittel zur Melodierestitution*, in: BzG 26, S. 63–80.

Praßl[79] und Rupert Fischer[80]. Die Frage ist nun: Wie gingen die Schreiber der Handschriften damit um, dass es einerseits in der Praxis des Gregorianischen Chorals durchaus chromatisch alterierte Töne – und zwar nicht nur *sib* – gab und diese andererseits – mit Ausnahme des *sib* – nicht notiert werden konnten bzw. durften? Für uns ist daran auch die Frage geknüpft: Wie kommen wir überhaupt zur Kenntnis dieser chromatisch alterierten Töne? Die Beantwortung dieser zweiteiligen Frage ist gleichzeitig die Voraussetzung für die Lösung besonders schwieriger Problemfälle der Melodierestitution.

Die Schreiber der Handschriften hatten nur die Wahl, chromatisch alterierte Töne, die sie nicht notieren konnten bzw. durften, entweder zu „verbessern" oder zu vertuschen, d. h. unsichtbar zu machen; zu „verbessern" dadurch, dass sie z. B. ein *fa#* einfach als *fa* notierten oder auch – im Zuge der „Germanisierung" der Melodien – zu *sol* erhöhten; zu vertuschen dadurch, dass sie Teile der Melodie oder gegebenenfalls eine Melodie als Ganzes in eine andere Lage transponierten. So konnte im Fall einer Transposition in die höhere Quint ein *mib* durch das zulässige *sib* ausgedrückt werden, im Fall einer Transposition in die höhere Quart ein *fa#* durch *si naturale*. Daneben finden sich auch Transpositionen um einen Ganzton höher – damit kann *mib* durch *fa* wiedergegeben werden – und um einen Ganzton tiefer, Letzteres, um *do#* durch *si naturale* oder *fa#* durch *mi* auszudrücken.[81]

Die folgenden Beispiele eignen sich vortrefflich, die hier erörterten Sachverhalte im Zusammenhang mit dem Problemkreis des Chromatismus im Gregorianischen Choral zu veranschaulichen und weiter zu vertiefen. Beispiel 29 (siehe rechts) stellt das Alleluia des Zweiten Adventsonntags, zunächst ohne anschließenden Solovers, inklusive päläographische Dokumentation vor, Beispiel 30 hingegen dasselbe Alleluia inklusive Solovers in der Bearbeitung der BzG:

79 Franz Karl PRASSL, *Chromatische Veränderungen von Choralmelodien in Theorie und Praxis*, in: BzG 13/14, Festschrift Godehard JOPPICH, hg. v. Stefan KLÖCKNER, Regensburg 1992, S. 157–168.

80 Rupert FISCHER, *Die Bedeutung des Codex Paris, B.N. lat. 776 (Albi) und des Codex St. Gallen, Stiftsbibliothek 381 (Versikular), für die Rekonstruktion gregorianischer Melodien*, in: BzG 22, S. 43–73; Ders., mehrere Titel, in: BzG 25, S. 74–104; Ders., *Die Notation von Stücken mit chromatisch alterierten Tönen – Schwierigkeiten der melodischen Restitution*, in: BzG 29, S. 43–78.

81 In seltenen Fällen findet sich auch *lab*, das in den diastematischen Handschriften sowie auch in der Vaticana auf ähnliche Weise „emendiert" oder durch Transposition unsichtbar gemacht werden musste. Zwei Beispiele: Communio „Simon Ioannis" (GrN I, 195) und Communio „Simile est regnum caelorum" (GrN I, 296).

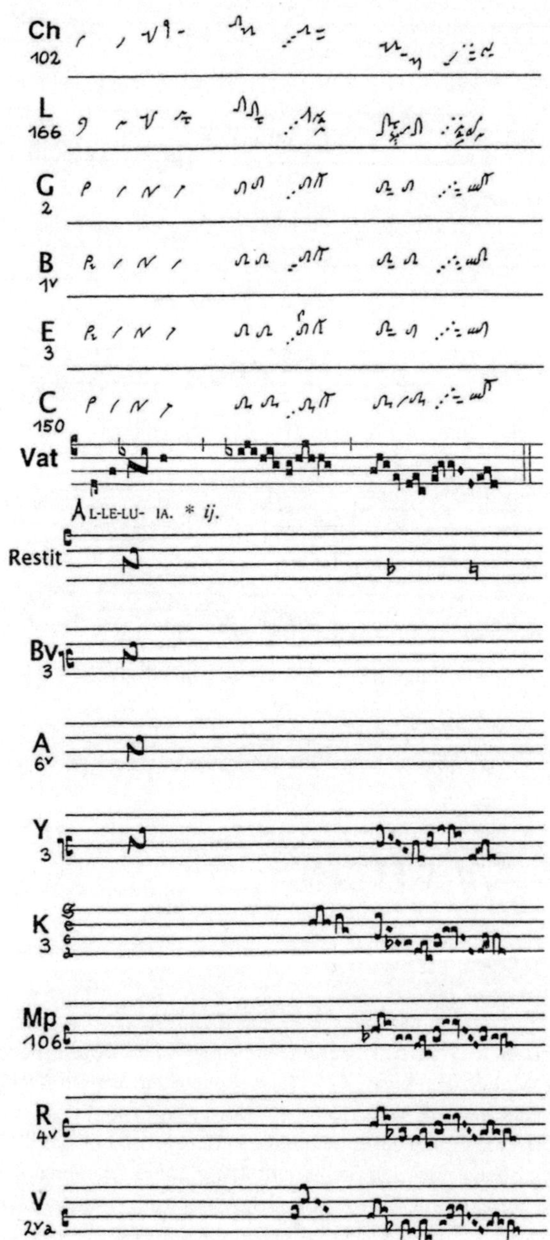
Ch
102
L
166
G
2
B
1v
E
3
C
150
Vat
ALLE-LU- IA. * ij.
Restit
Bv
3
A
6v
Y
3
K
3
Mp
106
R
4v
V
2va

Beispiel 29

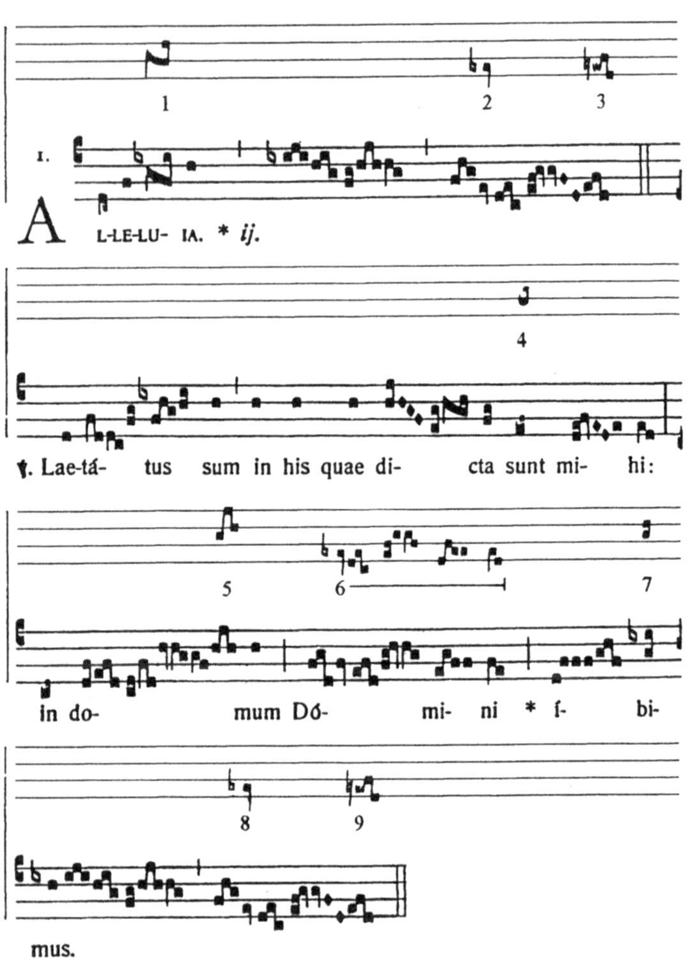

Beispiel 30[82]

In den wichtigsten diastematischen Handschriften, die ein *b* notieren können, in Beispiel 29 vertreten durch die Handschriften Graz 807 (K=Klosterneuburg), Montpellier H. 159 (Mp), St. Petersburg O v 1 6 (R=Rouen) und Verdun 759 (V), ist dieser Gesang im Unterschied zur Vaticana in die höhere Quint, mit Finalis *la* statt Finalis *re*, transponiert. Den Grund dafür liefern die in Beispiel 30 mit den Ziffern 2, 6 und 8 bezeichneten Stellen. Bei den Stellen mit Ziffer 2 und 6 notieren die erwähnten Handschriften jeweils ein *sib*, was in der Originallage mit Finalis *re* einem unzulässigen *mib* entspräche. Die Stellen bei Ziffer 8 und 9, die identisch sind mit den Stellen bei Ziffer 2 und 3, werden nur noch in Montpellier notiert, und zwar unvollständig,

82 BzG 21, S. 23–25.

aber erneut mit *sib* an den fraglichen Punkten. Die Editio Vaticana präsentiert das Stück in der Originallage des I. Modus und notiert an den identischen Stellen 2 und 8 jeweils ein *mi*, „korrigiert" also, wohl einer späteren Tradition folgend, *mib* zu *mi*. An der Korrekturstelle 6 notiert die Vaticana, gestützt nur auf den Codex Paris, B.N. lat. 903 (Y=St. Yrieix) und gegen die übrigen diastematischen Handschriften, ab der vierten Note von *Domini* bis zum Ende des Wortes alles einen Ton höher, offensichtlich mit der Intention, einerseits dem „verbotenen" *mib* der Originallage auszuweichen, andererseits durch die Sekundtransposition nach oben die originalen Intervallverhältnisse ab der vierten Note von *Domini* bis zum Wortende zu retten. Analoges gilt in Bezug auf St. Yrieix sowie auf den Codex Harleianus[83] [fol. 124v] auch für die Korrekturstelle 2. Dass aber St.Yrieix und die Vaticana bei der Korrekturstelle 6, wo sie wegen der Sekundtransposition nach oben auf *mi* statt auf *re* enden, einen Ton zu hoch sind, beweist nicht zuletzt auch das *equaliter* von Einsiedeln 121, das eine unisonische Beziehung zur unmittelbar folgenden Note *re* fordert.

Alberto Turco hat an unseren Korrekturstellen 2 und 8 die Vaticana nicht verändert, im Unterschied zur Korrekturstelle 6, wo er sich der Korrektur der BzG und des GrN anschließt.[84] Er kann sich dabei auf die eine oder andere spätere diastematische Handschrift berufen, so z. B. auf eine Handschrift von Sarum[85] und auf ein Missale von Chartres[86] (beide aus der 1. Hälfte des 13. Jhs.), aber auf keine der in Beispiel 29 angegebenen wichtigeren Handschriften, die alle, sofern sie ein *b* notieren können, dies auch tun. Als besonders wichtig sei hier noch einmal auf das Zeugnis von St. Yrieix hingewiesen. Dort ist das Stück in der Originallage des I. Modus mit Finalis *re* notiert. Um aber das *mib* an den Stellen 2 und 6 zu umgehen, wird die betreffende Passage einfach eine Sekund nach oben transponiert. Auf diese Weise gelingt es, wie bereits erwähnt, wenigstens die originalen Intervallverhältnisse zu wahren (*mib-re-mib-do* usw. wird zu *fa-mi-fa-re* usw.). Das ist ein Beweis, dass die beiden Stellen in der Originallage des I. Modus mit *mib-re-mib-do* usw. und nicht mit *mi-re-mi-do* usw. zu singen sind. Alberto Turco beruft sich u. a. auch auf die Tatsache, dass einige Handschriften, die bei unserer Korrekturstelle 2 *b* notieren, den Alleluia-Jubilus nicht im Protus (I. Modus), sondern im Deuterus (IV. Modus) enden lassen (vgl. Montpellier, Rouen und Verdun), dass das *bemolle* aber nicht zutreffe, wenn der Jubilus (identisch mit dem Versende), wie in allen adiastematischen Handschriften bezeugt, im Protus endet.[87] Dagegen steht aber das klare Zeugnis von Klosterneuburg (Graz 807) und weiterer deutscher Handschriften wie Berlin 664[88] und

83 S. Anm. 55.

84 Vgl. Alberto Turco, *Liber Gradualis iuxta ordinem cantuum Missae*, Bd. I, Verona 2009, S. 14f.

85 Vgl. GRADUALE SARISBURIENSE, British Museum, ms. additional 12194, hg. v. Walter Howard Frere, London 1894, Nachdruck Farnborough 1966, S. 162.

86 CODEX CHARTRES 520, in: Monumenta Monodica Medii Aevi, Bd. IV, hg. v. David Hiley, Kassel 1992, fol. 11rf.

87 Vgl. Alberto Turco, *Liber Gradualis – Ricognizione codicologica ed esposizione analitica per una restituzione „magis critica" delle melodie*, in: Subsidia I, Tempus Adventus, S. 128–133.

88 Vgl. CODEX BERLIN, Staatsbibliothek lat. Q° 664, 12. Jh., unveröffentlicht, fol. 1r.

Leipzig St. Thomaskirche[89], die an unserer Korrekturstelle *b* notieren und dennoch den Alleluia-Jubilus im Protus beenden. Und einmal mehr sei das Zeugnis von St. Yrieix und des Codex Harleianus angeführt, die diese Passage um eine Sekund nach oben transponieren, um damit dem Ton *mib* auszuweichen, andererseits um durch die transponierte Tonfolge *fa-mi-fa-re* die gleichen Intervallverhältnisse im Raum einer kleinen Terz wie bei der Tonfolge *mib-re-mib-do* zu sichern. Und schließlich steht gegen Turcos These die Tatsache, dass es sich bei unseren Korrekturstellen 2, 6 und 8 letztlich um ein und dieselbe Melodieformel handelt. Dies bedeutet: Die von Turco bei den Stellen 2 und 8 postulierte Tonfolge *mi-re-mi-do-mi-fa-sol-sol* kann nicht plötzlich bei der Stelle 6 zur Tonfolge *mib-re-mib-do-mib-fa-sol-sol* mutieren. Anders herum ausgedrückt: Ist *mib* bei der Stelle 6 richtig, was für Turco feststeht, muss dies auch für unsere Korrekturstellen 2 und 8 gelten. Alles in allem ist festzuhalten: Turcos These beruht nicht primär auf den von der Paläographie vorgegebenen Fakten, sondern eher auf einer vorgefassten Theorie in Fragen der gregorianischen Modalität.

Das nachstehende, den BzG entnommene Beispiel[90], zeigt die Gegenüberstellung von transponierter und Originallage eines ganzen Stückes:

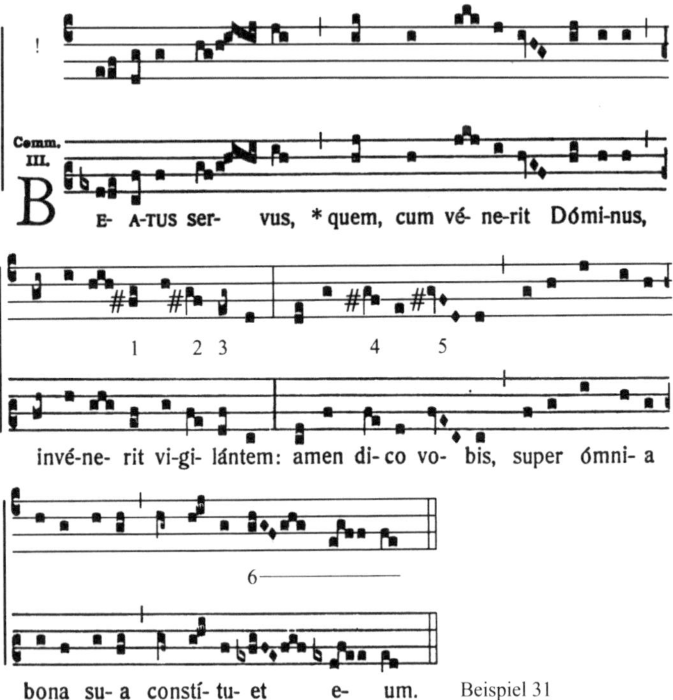

Beispiel 31

89 Vgl. DAS GRADUALE DER ST. THOMASKIRCHE ZU LEIPZIG, in: Publikationen älterer Musik (hg. v. Theodor KROYER), Bd. V, hg. v. Peter WAGNER, Leipzig 1930, Nachdruck Olms, Hildesheim 1967, S. 4.

90 BzG 43, S. 35f.

Die in den meisten maßgeblichen diastematischen Handschriften anzutreffende Transposition in die höhere Quart wird tale quale von der Vaticana übernommen. Durch sie können insgesamt vier *fa#* der Originallage durch *si naturale* ausgedrückt werden, ohne dass an der Melodie, wie sie in der Originallage vorliegt, auch nur ein einziger Ton verändert wird. Dass es sich bei dieser Communio eindeutig um einen III. Modus handelt, liegt auf der Hand, nicht nur wegen des Halbtons über dem Grundton gleich zu Beginn, sondern auch wegen der typischen Intonationswendung und der Schlusskadenz des Stückes, die beide dem Formelgut des Deuterus angehören, wobei am Beginn des Stückes unverkennbar eine typische Intonationsformel des III. Modus vorliegt. Wenn man das Stück in die Originallage mit Grundton *mi* zurücksetzen möchte, wie in den BzG und im GrN I (S. 309) geschehen, führt kein Weg daran vorbei, alle *si naturale* der transponierten Fassung mit *fa#* wiederzugeben.

Als Beispiel einer längeren Teiltransposition sei die erste Hälfte des Introitus „Populus Sion" des Zweiten Adventsonntags vorgestellt (siehe Beispiel 32 auf der folgenden Seite):

Der Introitus „Populus Sion" ist eines der wenigen Beispiele, in denen sich die Mitglieder des Arbeitskreises „Melodierestitution" zunächst entschieden haben, in den BzG zwei unterschiedliche Versionen zur Auswahl vorzulegen.[91] Für diese Alternativlösung sprachen zunächst gute Gründe. In der Tat beginnt eine größere Anzahl wichtiger diastematischer Handschriften – so Albi (Paris, B. N. lat. 776), St.Yrieix (Paris, B. N. lat. 903), Codex Harleianus 4951, Modena 13[92], Piacenza 65[93] – das Stück mit einem Pes *sol-re* oder gleich mit *re* und verbleibt dann bis kurz vor Ende des ersten Satzes auf der Hauptstrukturstufe *re*, dem Tenor des VII. Modus. Aber eine ebenso große Anzahl ebenso wichtiger diastematischer Handschriften – wie Benevent 34, Verdun 759, Montpellier H. 159, Graz 807 (Klosterneuburg) – beginnen mit dem Pes *sol-do* und verbleiben dann bis kurz vor Ende des ersten Satzes auf dem *do* als Hauptstrukturstufe. Allerdings geben sämtliche genannten Handschriften dieser zweiten Gruppe, sofern sie *b* notieren können, dieses den ganzen ersten Satz über an, mit Ausnahme der aufsteigenden Quilismatongruppe bei *Dominus*, wo Montpellier ausdrücklich *si naturale* anzeigt, was auch für Graz 807 gelten dürfte, wo vorher und nachher, nicht aber bei der Quilismagruppe *b* notiert wird, während Verdun 759 den fraglichen Ton ausgelassen hat. Zu Recht stellt sich die Frage, auf welche Quelle sich die Vaticana stützt, die zwar – wie die zweitgenannte Handschriftengruppe – den gesamten ersten Satz mit Hauptstrukturstufe *do* wiedergibt, aber alle *sib* zu *si naturale* „verbessert".[94]

91 Vgl. BzG 21, S. 20f.

92 CODEX MODENA, Biblioteca Capitolare O.I.13, 11./12. Jh., unveröffentlicht.

93 CODEX PIACENZA, Biblioteca Capitolare 65, Anfang 13. Jh., unveröffentlicht.

94 Andreas PFISTERER gibt als Beleg für die Version der Vaticana zu Beginn des Stückes die Handschrift Aki 3 = Langres, Grand Séminaire (aquitanisch), 13. Jh., unveröffentlicht, an. Vgl. Andreas PFISTERER, *Cantilena Romana. Untersuchungen zur Überlieferung des gregorianischen Chorals*, in: Beiträge zur Kirchenmusik, hg. v. Hans Joachim MARX und Günther MASSENKEIL, Paderborn 2002, S. 246.

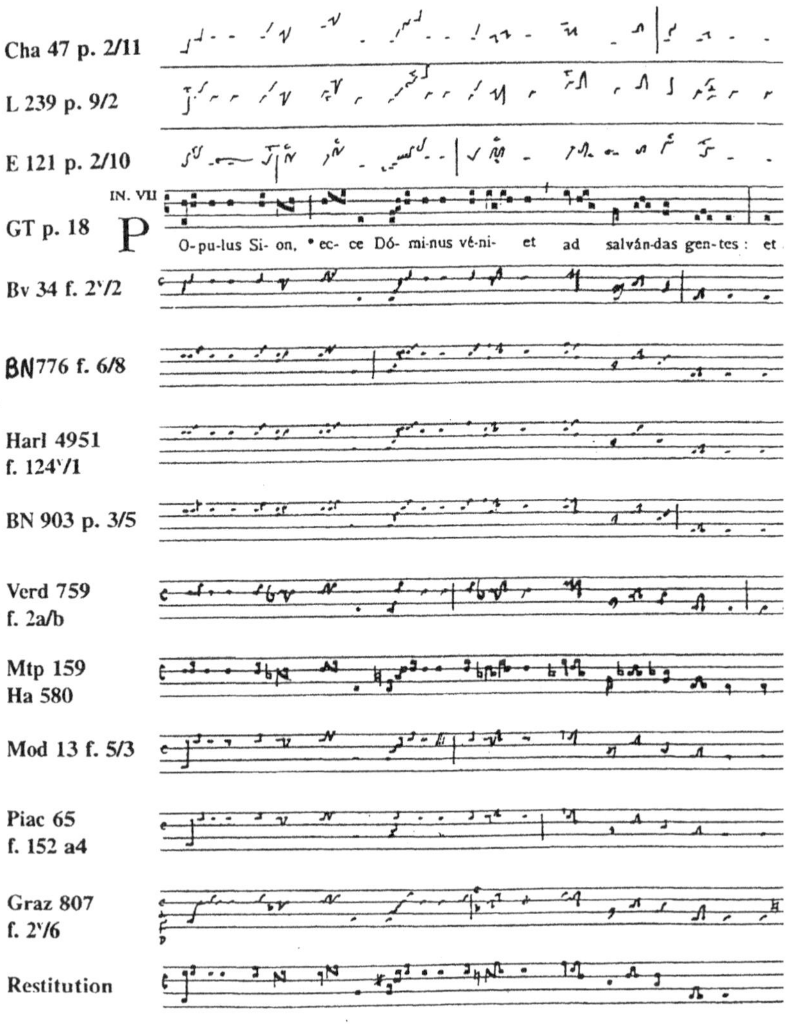

Beispiel 32[95]

Mit Blick auf die in Beispiel 32 aufgeführten Handschriften dürfte die Fassung der Vaticana für die melodische Restitution des ersten Satzes von vornherein ausscheiden. Vergleicht man die beiden Fassungen der handschriftlichen Überlieferung miteinander und wägt sie gegeneinander ab, wird bald deutlich, warum es überhaupt zu diesen beiden unterschiedlichen Fassungen gekommen ist. Der Stein des Anstoßes

95 Das Beispiel ist Rupert FISCHER, *Die Bedeutung des Codex PARIS, B. N. Lat. 776 (Albi), und des Codex St. Gallen, Stiftsbibliothek 381 (Versikular) für die Rekonstruktion gregorianischer Melodien*, in: BzG 22, S. 60, entnommen.

der nach unserer Ansicht ursprünglicheren *re*-Fassung war das *do#* bei *Dominus*, das nicht notiert werden konnte bzw. durfte. Die Lösung sahen die Schreiber der zweitgenannten Handschriftengruppe in der Absenkung der Melodie des ersten Satzes um einen Ganzton. So konnte man *do#* mit *si naturale* und *do* mit *si bemolle* wiedergeben und ansonsten im wesentlichen – mit Ausnahme des Anfangs und Schlusses dieses Satzes – die Intervallverhältnisse der wohl ursprünglicheren *re*-Fassung retten.

Man kann sich in diesem Zusammenhang auch fragen, was die *do*-Fassung mit insgesamt sechs *sib* noch mit einem VII. Modus zu tun hat. Sie hätte dann nämlich klaren Protuscharakter. Ohne die *sib* – wie in der Vaticana – läge eher ein VIII. Modus vor. Demgegenüber weist die *re*-Fassung von Anfang an unverfänglich in die wesenstypischen modalen Strukturen eines VII. Modus ein. Und ein einziger, zudem flüchtiger Quilismaton *do#* trägt nicht zu einer Verunsicherung des modalen Empfindens bei.

Schließlich darf darauf hingewiesen werden, dass die Handschrift Albi (Paris, B. N. lat. 776), die hier mit der *re*-Fassung vertreten ist, dafür bekannt ist, dass sie unter allen diastematischen Handschriften am wenigsten auf Bedenken theoretischer Art Rücksicht nimmt und die Gesänge überwiegend in der Originallage des betreffenden Modus, d.h. ohne Transposition, wiedergibt, unabhängig davon, ob sich dadurch chromatisch alterierte Töne ergeben oder nicht.[96] Mit Sicherheit hätte den Schreiber dieser Handschrift kein modales Bedenken davon abgehalten, den ersten Satz in der *do*-Fassung wiederzugeben, hätte er diese als die ursprünglichere erachtet.

Der Arbeitskreis „Melodierestitution hat, wie bereits erwähnt, in den BzG zwei Versionen, die *do*-Fassung und die *re*-Fassung, zur Auswahl angeboten. Diese Alternativlösung wurde jedoch im GrN I rückgängig gemacht, indem dort – aus den genannten Gründen – der *re*-Fassung der Vorzug gegeben wurde (siehe Beispiel 33a auf der folgenden Seite).

96 Vgl. unter diesem Gesichtspunkt die in Anm. 91 angegebene Studie von Rupert FISCHER, S. 43–73. Vgl. auch Rupert FISCHER, *Paris Bibliothèque Nationale lat. 776: Graduale von Albi*, in: BzG 23, S. 89–111, hierzu bes. S. 90; DERS., mehrere Titel, in: BzG 25, S. 73–104; DERS., *Die Notation von Stücken mit chromatisch alterierten Tönen – Schwierigkeiten der melodischen Restitution*, in: BzG 29, S. 43–78.

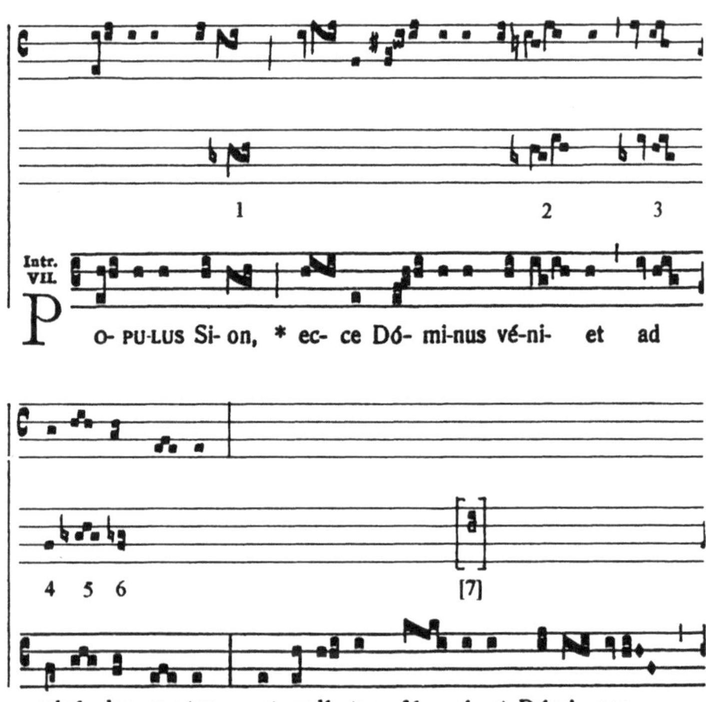

Beispiel 33a[97]

Und hier der Introitus „Populus Sion" in der Fassung des GrN I, S.7

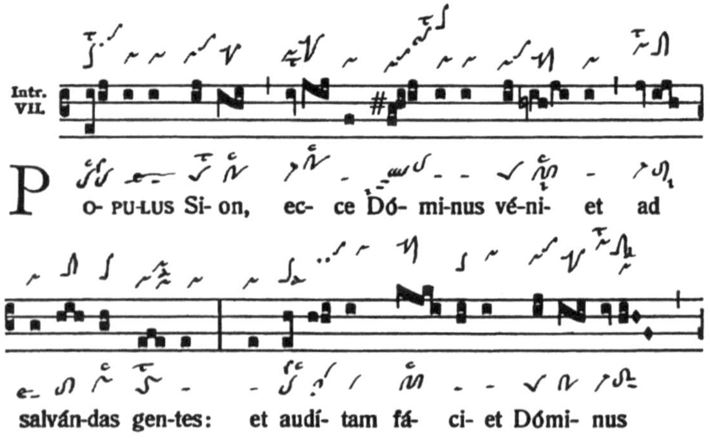

97 BzG 21, S. 20.

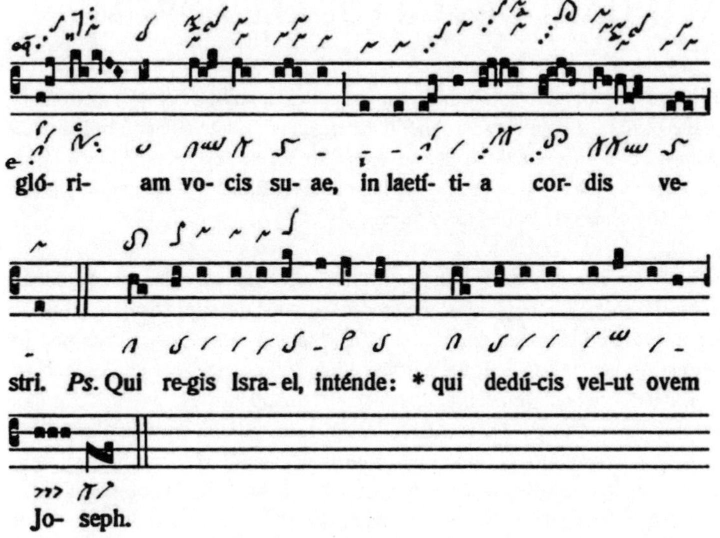

Beispiel 33b

Andreas Pfisterer hält die *do*-Fassung mit *sib* für ursprünglicher, die dann eben von einer Reihe Handschriften „aus modalem Unbehagen" zur *re*-Fassung erhöht wurde. Dabei habe man den einen „unauffälligen" Ton *do#* in Kauf genommen, wenn dieser ohnehin nicht schon weggefallen ist oder, wie in St. Yrieix, zu *do* „korrigiert" wurde.[98] Gegen diese These kann geltend gemacht werden, dass im 11. Jh., dem Zeitalter des strengen Regelwerkes der mittelalterlichen Musiktheorie, schwerlich eine ursprünglichere Melodie dahingehend verändert werden durfte, dass dabei ein systemfremder Ton (*do#*) herauskam, und sei dieser noch so „unauffällig". Aber kategorisch auszuschließen ist es wohl nicht, dass Pfisterer mit seiner These recht haben könnte. Vielleicht wäre es doch besser gewesen, im GrN beide Versionen abzudrucken.

Zusammenfassend kann festgehalten werden, dass sich in Bezug auf das Phänomen des Chromatismus im Gregorianischen Choral der Schleier des Geheimnisses heute mehr und mehr lüftet. Und so zeigt sich, dass nicht wenige davon betroffene Problemfälle heute durchaus einer fundierten Lösung zugeführt werden können.

98 Vgl. Andreas PFISTERER, *Cantilena Romana* ..., a.a.O., S. 18f.

V. INHALT DES GRADUALE NOVUM[99]

Was enthält das *Graduale Novum* und was enthält es nicht? Bei der Beantwortung dieser Frage beziehe ich mich ausschließlich auf die Gesänge selbst, ohne auf die vorgelagerten Teile einschließlich des in sechs Sprachen verfassten Vorwortes in Band I einzugehen. Das *Graduale Novum* liegt in zwei Bänden vor: Band I: *De Dominicis et Festis*, Band II: *De Feriis et Sanctis.*

Band I: *De Dominicis et Festis* enthält die Messproprien aller Sonntage und der höchsten Festtage des Kirchenjahres gemäß der Ordnung der drei Lesejahre, wie sie durch die Liturgiereform nach dem Zweiten Vatikanum eingeführt wurde und im Ordo Cantus Missae[100] festgelegt ist, darüber hinaus die Messproprien des Aschermittwochs, der Karwoche (einschließlich der Karfreitagsliturgie zur Todesstunde Christi) sowie der gesamten Osterwoche. Von den Communia enthält Band I nur die klassische Kirchweihmesse und das Commune Beatae Mariae Virginis, vom Proprium de Sanctis außer den Gesängen der Hochfeste Mariä Himmelfahrt (15. August) und Allerheiligen (1. November) noch die Messproprien vom Fest des hl. Stephanus (26. Dezember) und vom Fest des hl. Benedikt (11. Juli) sowie zwei weitere Messproprien zu Ehren des hl. Benedikt (21. März und 11. Juli) aus dem Anhang des Benediktinerordens (E Missis Propriis Ordinis Sancti Benedicti). Von der Missa pro Defunctis findet sich im *Graduale Novum I* nur das klassische Gesangsproprium (Introitus „Requiem aeternam“ usw.). Vom Kyriale enthält das *Graduale Novum I* alle Gesänge des Graduale Romanum 1908, mit Ausnahme von Credo V und VI sowie der Cantus ad libitum. Im Anschluss an das Kyriale finden sich die Cantus varii in ordine Missae occurentes nach dem Missale Romanum[101]. Sie sind zum großen Teil, aber nicht in allem, identisch mit den Toni communes des Graduale Romanum 1974 und berücksichtigen in erster Linie die liturgischen Dialoge und Akklamationen sowie sonstige Gemeindegesänge wie z. B. das Pater noster, nicht aber die Töne für die biblischen Lesungen, die Präfation, den Embolismus und das anschließende Friedensgebet (Ad Pacem). Weiterhin ist für Introitus, Offertorium und Communio der Modus cantandi Alleluia tempore paschali secundum octo tonos abgedruckt. Er ist in der nachösterlichen Zeit am Schluss jener Gesänge hinzuzufügen, die im Buch außerhalb der nachösterlichen Zeit ohne Alleluia wiedergegeben sind. Am Schluss des Buches finden sich eine Auflistung der Textus differentes, d. h. jener Stellen, wo die Textfassung des Graduale Romanum 1908 nach Maßgabe der alten Handschriften (meist geringfügig) verändert wurde, sowie zwei alphabetische Indices sämt-

99 Alle den Inhalt und die äußere Form des Graduale Novum I betreffenden Aspekte hat bereits Heinrich Rumphorst in seinem Artikel *Vorstellung des Graduale Novum*, in: BzG 51, S. 78–84, in gebotener Kürze zur Sprache gebracht. Seine Ausführungen gelten natürlich – mutatis mutandis – auch für Band II des Graduale Novum. Davon greife ich hier die mir am wichtigsten erscheinenden Gesichtspunkte heraus und versuche, sie im Bedarfsfall noch ausführlicher zu erörtern.

100 Editio typica altera, Libreria Editrice Vaticana 1987.

101 Editio typica tertia, Typis Vaticanis 2002.

licher abgedruckten Gesänge. Auf diese beiden Indices, die für die Verwendung des Buches von großer Bedeutung sind, wird später noch einzugehen sein.

Band II: *De Feriis et Sanctis* enthält – von wenigen Ausnahmen abgesehen – alle jene Gesänge, die in Band I, verglichen mit dem Ordo Cantus Missae und dem Graduale Romanum 1974 (und dem Graduale Triplex 1978), fehlen. Hierzu gehören die noch fehlenden Gesänge der Werktage in der Advents- und Weihnachtszeit, der Werktage in der Fastenzeit (mit Ausnahme des Aschermittwochs und der Karwoche), der Werktage in der nachösterlichen Zeit (mit Ausnahme der Osterwoche), weiterhin die Gesänge der Communia (mit Ausnahme der klassischen Kirchweihmesse und des Commune Beatae Mariae Virginis) und der weitaus größte Teil des Proprium de Sanctis. Von der Kirchweihmesse und der Missa pro Defunctis ist im *Graduale Novum I* lediglich das klassische Messproprium abgedruckt. Im *Graduale Novum II* findet sich nun das erweiterte Angebot, wie es im Ordo Cantus Missae und im Graduale Romanum 1974 (und Graduale Triplex 1979) vorliegt. Für die Liturgie des Gründonnerstags und die Liturgia Defunctorum finden sich im *Graduale Novum II* alle jene noch nicht in Band I enthaltenen Gesänge, die nicht zu den beiden Messproprien im engeren Sinn gehören, aber doch konstituierende Bestandteile beider Liturgien sind. Dabei handelt es sich in der Hauptsache um Antiphonen, die zudem in der Totenliturgie meist mit Psalmen verbunden sind, außerdem – ebenfalls in der Totenliturgie – um eine größere Anzahl Responsoria prolixa. Was das Ordinarium Missae betrifft, enthält Band II zusätzlich zu den in Band I abgedruckten noch weitere Gesänge, so Credo V und VI sowie das Credo Apostolicum, ebenso die Cantus ad libitum. Des Weiteren finden sich Cantus varii in Ordine Missae occurrentes (soweit in Band I noch nicht enthalten), der bereits in Band I abgedruckte Modus cantandi Alleluia Tempore Paschali secundum octo tonos, die Litaniae Sanctorum, einige Hymnen, die Cantica Benedictus und Magnificat sowie die Missae propriae des Benediktinerordens (mit Ausnahme zweier bereits in Band I enthaltenen Festmessen zu Ehren des hl. Benedikt), die Marianischen Antiphonen im Tonus simplex sowie eine Reihe weiterer Messproprien, darunter auch jene für neu eingeführte Heiligenfeste. Ebenso finden sich die Proprien für die Missae Rituales, Missae ad Diversa und Missae Votivae, meist mit Verweisen auf Gesänge, die anderswo in einem der beiden Bände bereits wiedergegeben sind. Band II enthält auch das Gloria Patri in den acht Psalmtonmodellen sowie Psalm 33, dessen Verse mit jeder Communio verbunden und nach den acht für das Gloria Patri vorgesehenen Tönen gesungen werden können. Schließlich sei noch angemerkt, dass Band II nur noch einen einzigen ausführlichen Index (Index copiosior) mit allen wichtigen Angaben zu den Gesängen beider Bände enthält. Davon findet sich aber zusätzlich eine Kurzfassung (Index brevior), die für das schnellere Auffinden der Gesänge beider Bände geeignet ist.

Alle Gesänge in beiden Bänden des *Graduale Novum* wurden grundsätzlich nur einmal abgedruckt. Bei öfterem Vorkommen ein und desselben Gesangs im Verlauf des Kirchenjahres entscheidet – von wenigen Ausnahmen abgesehen – ihr erstmaliges Auftreten über den Ort der Wiedergabe. Darauf wird dann im Fall eines weiteren

Vorkommens desselben Gesangs verwiesen. In diesem Punkt unterscheiden sich gelegentlich GrN und Graduale Romanum 1974 bzw. GT.

Was die musikalische Notation der Gesänge betrifft, ist eine weitgehende Übereinstimmung zwischen dem GrN und seiner Vorgängeredition, dem GT, festzustellen. In der Tat handelt es sich in beiden Editionen um ein Graduale triplex, d. h. um eine Wiedergabe der Gesänge in dreifacher musikalischer Notation: Quadratnotation und – sofern vorhanden – Neumennotation von zwei der ältesten und maßgeblichen adiastematischen Handschriften, nämlich aus der Schreibfamilie von St. Gallen im Normalfall Codex St. Gallen 359 (Cantatorium) für die Gesänge mit solistischen Partien bzw. Codex Einsiedeln 121 für die übrigen Propriumsgesänge der Messe sowie aus der Metzer Schreibfamilie Codex 239 von Laon. Unterschiede zwischen den beiden Editionen zeigen sich hingegen nicht selten in der genaueren Wiedergabe der Melodien, die im GrN gegenüber dem GT häufig einer Korrektur unterzogen wurden, sowie in der internen Gruppierung von Mehrtonneumen und Melismen. Was Letzteres betrifft, sind die Herausgeber des GrN ausnahmslos der in den genannten adiastematischen Handschriften bezeugten Gruppierung gefolgt, dies in zahlreichen Fällen im Gegensatz zur Gruppierung der Editio Vaticana und des GT. Hierbei handelt es sich um wesentliche Korrekturen des Notentextes der Editio Vaticana und des GT (auch wenn vielleicht der Tonort selbst nicht verändert wurde), weil damit nicht unerhebliche Konsequenzen für die rhythmische Ausführung der Gesänge verbunden sind. Was schließlich das Schriftbild der Quadratnotation des GrN betrifft, wurden alle Notenformen der Editio Vaticana (und des GT) übernommen und keine neuen hinzugefügt. Über die Gründe wird später noch ausführlich zu reden sein.

Soweit zu der Frage, was das *Graduale Novum* enthält. Damit kommen wir zu der Frage, was es nicht enthält. Kritikpunkte und Desiderate, die seit der Veröffentlichung des GrN I im Jahre 2011 in diesem Zusammenhang immer wieder zu hören sind, konzentrieren sich vor allem auf zwei Aspekte: auf das Fehlen der Offertoriumsverse und auf das Fehlen von Psalmversen für die Communio.

Eine kurze Antwort zum Fehlen der Offertoriumsverse im GrN: Die Restitution der Offertoriumsverse, die große Probleme aufwirft, wird noch mehrere Jahre in Anspruch nehmen. Hier kann man nur sagen: Es ist besser, einen Schritt nach dem anderen zu machen, als alles auf einmal erledigen zu wollen und dann doch zu scheitern. Außerdem: Ausgangspunkt und zugleich Zielvorstellung für die in den BzG und dem GrN vorgenommenen Melodierestitutionen ist das Repertoire des Graduale Romanum 1974. Dort aber finden sich – mit Ausnahme eines Verses der klassischen Totenmesse – keine Offertoriumsverse. Und schließlich: So bedauerlich es ist, dass wir bislang noch keinen Zugriff auf eine fundierte und verantwortbare Melodieversion der meisten Offertoriumsverse haben, ist doch ihre Verwendbarkeit in der erneuerten Liturgie eher begrenzt. Dies bedeutet andererseits nicht, dass es nicht eine wichtige und lohnenswerte Aufgabe für die Zukunft ist, die Offertoriumsverse unter dem Gesichtspunkt ihrer Melodiefassungen systematisch zu untersuchen und zugänglich zu machen. In der Tat widmet sich der Arbeitskreis „Melodierestitution" seit Kurzem der Wahrnehmung dieser Aufgabe.

Schwerer wiegt ein weiterer Kritikpunkt, der häufig zu hören ist: Warum enthält das GrN keine Psalmverse für die Communio? Das sei ein Rückschritt hinter den Stand des Ordo Cantus Missae bzw. des Graduale Romanum 1974, wo immerhin geeignete Psalmverse, wenn auch nicht abgedruckt, so doch wenigstens angegeben werden. Zugegeben: dieser Vorwurf ist berechtigt. Der Wunsch, im GrN für die Communio auch Psalmverse zusammen mit den jeweiligen Psalmtonmodellen abzudrucken, war auch im Gremium der Herausgeber des GrN stark ausgeprägt, und viele Überlegungen gingen in diese Richtung, scheiterten jedoch an dem damit verbundenen erheblichen Mehraufwand an Zeit und Arbeit sowie an der Tatsache, dass dadurch der Umfang der beiden Bände des GrN beträchtlich erweitert worden wäre. Letztlich wurde auch die Idee, zu jeder Communio nur einen einzigen Psalmvers abzudrucken, wie Alberto Turco in seiner Edition *Liber Gradualis* verfährt, verworfen, weil man damit im Normalfall den liturgischen Bedürfnissen kaum gerecht werden dürfte. Und so bot sich als Lösung dieses Problems die Erarbeitung und Herstellung eines eigenen Buches für Communio-Verse an. Dieses Buch wurde von Anton Stingl jun. in Übereinstimmung mit den Angaben des Graduale Romanum 1974 erarbeitet und vor Kurzem herausgegeben.[102] Ein erfahrener Schola-Leiter konnte auch bisher schon Mittel und Wege finden, mit diesem Problem umzugehen. Er konnte auf Michael Hermes' Publikation *Das Versicularium des Codex 381 der Stiftsbibliothek St. Gallen*[103] zurückgreifen, in der die Communio-Verse in allen acht Psalmtönen mit restituierten Melodien vorliegen. Der Nachteil, dass die Auswahl der Verse im Codex St. Gallen 381 in vielen Fällen nicht mit den im Ordo Cantus Missae und Graduale Romanum 1974 angegebenen Versen übereinstimmt, ist dadurch aufgewogen, dass man in diesem Codex aus einem reichen Fundus von insgesamt 778 Psalmversen schöpfen kann. In der Praxis ist es nicht sonderlich schwer, in der Edition von Michael Hermes inhaltlich passende Verse zu der jeweiligen Communio zu finden. Diese müssen nach dem seit der Liturgiereform geltenden Prinzip „hic seu alius cantus aptus" nicht unbedingt der Versauswahl des Ordo Cantus Missae bzw. Graduale Romanum 1974 entsprechen. Eine solche Wahlfreiheit in Bezug auf Psalmverse des Introitus und der Communio gab es im übrigen schon im Mittelalter, wie ein Vergleich mehrerer Handschriften, die ein Versicularium enthalten, so z. B. der Vergleich zwischen St. Gallen 381 und Einsiedeln 121, eindeutig belegt. Hinzuzufügen ist schließlich noch, dass in Band II des GrN der seit alters klassische Communio-Psalm 33 wiedergegeben ist. In Ermangelung anderweitiger Lösungen kann man immer auf diesen Psalm zurückgreifen.

102 *Versus ad Communionem*, hg. v. Anton STINGL jun., St. Ottilien 2017.
103 S. Anm. 75.

VI. EDITORISCHE FRAGEN

Bei den hier zu behandelnden Aspekten geht es vor allem um die Frage, wie sich das *Graduale Novum* nach außen hin präsentiert, ganz besonders um die Art und Weise und äußere Form der musikalischen Notation. Dabei möchte ich mich auf die mir wesentlich erscheinenden Gesichtspunkte beschränken.

VI.1 WIEDERGABE DER QUADRATNOTATION IN ORIGINALLAGE ODER TRANSPOSITION?[104]

Hier soll nun der Blick auf einen Aspekt gelenkt werden, in dem sich Editio Vaticana und das *Graduale Novum* häufig grundlegend unterscheiden und der sehr bald nach der Veröffentlichung des GrN I zu regen Kontroversen geführt hat: Von relativ wenigen Ausnahmen abgesehen – zu diesen zählen die Gradualien des II. Modus in *la* und die Alleluia im III. Modus vom Typ Alleluia mit Vers „Veni Domine“ (GrN I, S. 17) – werden im GrN die Melodien grundsätzlich in der Originallage des jeweiligen Modus wiedergegeben, d. h. mit den Grundtonstufen *re* für I. und II. Modus, *mi* für III. und IV. Modus, *fa* für V. und VI. Modus, *sol* für VII. und VIII. Modus. Dies bedeutet, dass in den allermeisten einschlägigen Fällen auf das Transpositionsverfahren verzichtet wurde, dem wir sowohl in den diastematischen Handschriften des Mittelalters als auch in der Editio Vaticana begegnen.

Vom Grund für Transpositionen war bereits in den Ausführungen über den Problemkreis Chromatismus die Rede: Sie ermöglichen es, das Verbot bzw. Unvermögen der Notation von chromatisch alterierten Tönen (die es in der Gesangspraxis erwiesenermaßen gab) zu umgehen. Alle (ursprünglich in der Praxis gesungenen) chromatisch alterierten Töne mit Ausnahme des *si bemolle* mussten in der musikalischen Notation unsichtbar gemacht werden. Dies geschah entweder durch „Emendation“ oder – sehr viel häufiger – durch das Mittel der Transposition.

Der weitgehende Verzicht auf Transpositionen im GrN hat zur Folge, dass dort in nicht wenigen Fällen in der Quadratnotation chromatisch alterierte Töne auftreten, außer *sib* auch *mib*, *fa#* und *do#*, in seltenen Fällen sogar *lab*. Von wenigen lokal begrenzten Ausgaben eher privaten Charakters abgesehen, ist dies mit Sicherheit ein Novum in der mehr als 1000-jährigen Notationsgeschichte des Gregorianischen Chorals.[105]

Die Frage, die in diesem Punkt immer wieder den Herausgebern des GrN gestellt wird, lautet: Warum habt ihr hier einen anderen Weg beschritten, als es die Tradition

104 Die Ausführungen zu dieser Thematik sind eine leicht veränderte und überarbeitete Fassung des Beitrags v. Johannes Berchmans GÖSCHL, *Transposition oder Originallage? Eine kontroverse Frage zur Wiedergabe der Quadratnotation im Graduale Novum*, in: *Cantare Amantis est*, Festschrift zum 60. Geburtstag von Franz Karl PRASSL, hg. v. Robert KLUGSEDER, Purkersdorf 2014, S. 138–146.

105 Vgl. die unter Anm. 77, 78, 79, 80 und 96 aufgeführten wissenschaftlichen Beiträge.

von mehr als 1000 Jahren nahegelegt hätte? Die Antwort lautet: Um der Wahrheit die Ehre zu geben. Chromatisch alterierte Töne, die gesungen wurden, sollen nicht mehr vertuscht, sondern sichtbar gemacht werden. Der Weg, den die Herausgeber des GrN in diesem Punkt gewählt haben, mag auf den ersten Blick ungewohnt erscheinen, aber er legt die Dinge offen, wie sie sind. Der andere Weg auf den gewohnten Bahnen einer 1000-jährigen Tradition, wie ihn z. B. Alberto Turco in seiner Edition *Liber Gradualis*[106], aber nicht selten auch die Editio Vaticana eingeschlagen haben, d. h. der Weg, der im Bedarfsfall auf Transposition setzt, ist nicht weniger korrekt. Er läuft aber Gefahr, in nicht seltenen Fällen die wahren Sachverhalte zu verschleiern.

Gelegentlich ist der Einwand zu hören, durch das vermehrte Auftreten der Vorzeichen *b* und # zur Angabe chromatisch alterierter Töne würde das optische Erscheinungsbild der Melodie verunklart und die Lesbarkeit der musikalischen Notation erheblich erschwert. Dieser Einwand ist nicht stichhaltig, vielmehr trifft das Gegenteil zu: Hat man sich erst einmal an das vermehrte Auftreten der Vorzeichen gewöhnt, wirkt meist das optische Bild eines Gesangs entspannter als im Fall einer Transposition, wo man sich nicht selten mit Schlüsselwechsel und Custos innerhalb ein und desselben Stücke behelfen muss, um die Notation „unzulässiger" chromatisch alterierter Töne zu umgehen. Dies soll anhand von zwei Beispielen veranschaulicht werden, die einen Vergleich zwischen der Notation des GrN und jener des Liber Gradualis von Alberto Turco zeigen:

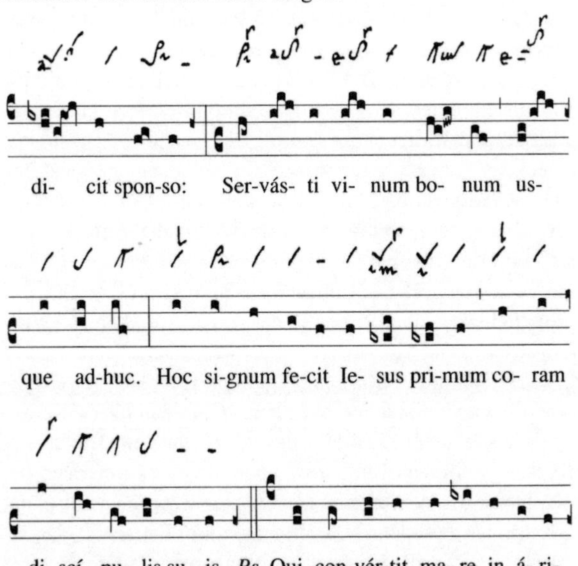

Beispiel 34a: Transpositionslage im Liber Gradualis[107]

106 Vgl. Alberto TURCO (Hg.), *Liber Gradualis iuxta ordinem Cantus Missae*, Verona 2009, 2010, 2011, 2012, 2013, 2015.

107 Ebd. 2010, S. 57.

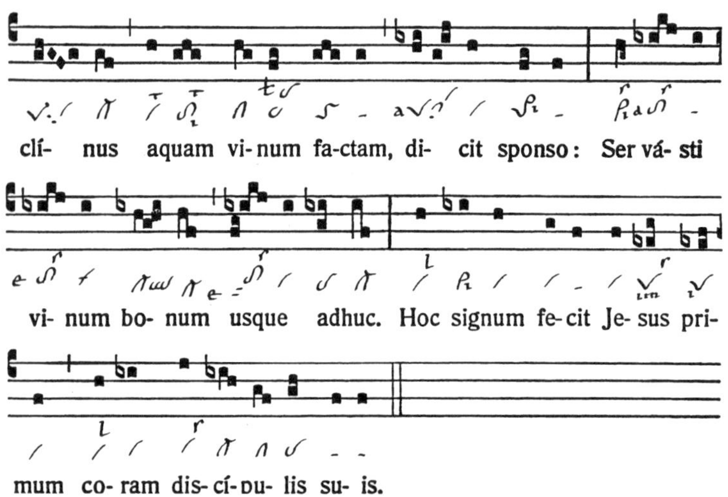

Beispiel 34b: Originallage im Graduale Novum[108]

Die melodische Restitution der gesamten Communio „Dicit Dominus: Implete hydrias“ ist in beiden Editionen bis auf zwei unwesentliche Varianten bei *vinum bonum* und *Hoc signum* identisch. Auch in Bezug auf die Position der Quadratnoten im Vierliniensystem zeigen sich keine Unterschiede. Überraschend und auf den ersten Blick irritierend tritt jedoch plötzlich im Liber Gradualis nach *dicit sponso* ein Schlüsselwechsel zusammen mit einem Custos auf, wodurch in der Notation eine Transposition in die höhere Quint vorgenommen wird. Der Grund: Im Schlussteil der Antiphon träte sonst bei den Silben *Iesus primum* jeweils der „unzulässige“ Ton *mib* auf, der durch die Quinttransposition als *sib* legalisiert wird. Um aber bei der Wiederholung der Antiphon nach dem Vers wieder in der Originallage des VI. Modus beginnen zu können, wird die Rückkehr in die Originallage bereits zu Beginn des Verses durch erneute Versetzung des C-Schlüssels zusammen mit einem Custos angezeigt. Die andere Möglichkeit, von vornherein die ganze Antiphon in Quinttransposition zu notieren, scheidet für Alberto Turco aus, weil dann an zwei Stellen des ersten und zweiten Satzes, nämlich bei *architriclino* und *gustasset*, jeweils ein *fa#* auftreten würde. Das GrN setzt die gesamte Antiphon – Communioverse werden im GrN nicht wiedergegeben – in die Originallage des VI. Modus mit Grundton *fa* und kommt damit ohne Schlüsselwechsel und zusätzlichen Custos innerhalb des Stückes aus, wodurch die Optik der Wiedergabe des Stückes wesentlich entspannter erscheint, wenn auch um den Preis eines zweimaligen *mib* bei *Iesus primum*. Optisch noch problematischer wirkt sich eine Transposition innerhalb eines Stückes aus, wenn durch sie – gegenüber der Wiedergabe in der Originallage – die Position der Quadratnoten im Tetragramm verändert wird, wie im folgenden Beispiel an zwei Stellen zu sehen ist (siehe folgende und übernächste Seite):

108 GrN I, S. 227.

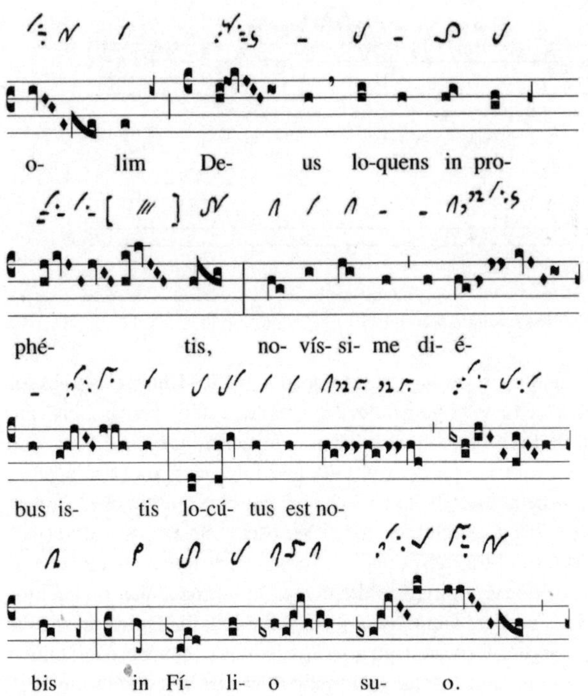

Beispiel 35a: Transpositionslage im Liber Gradualis[109]

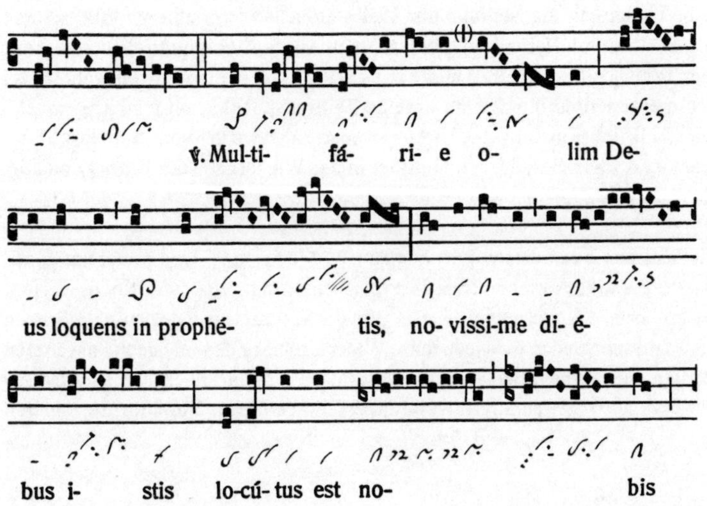

109 Liber Gradualis 2010, S. 35f.

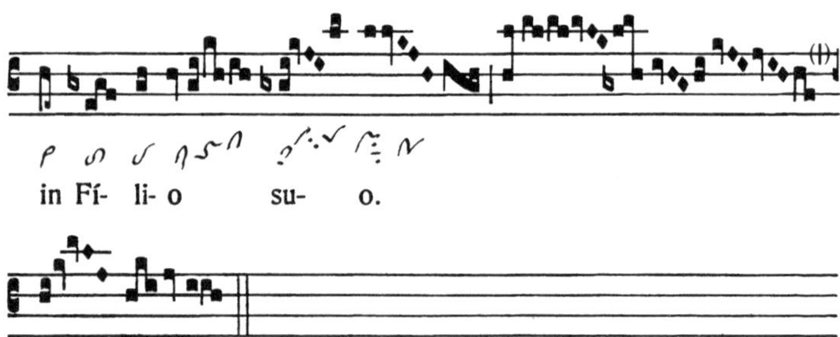

Beispiel 35b: Originallage im Graduale Novum[110]

Auch hier ist in der Melodieversion beider Editionen keinerlei Unterschied festzustellen. Aber das optische Erscheinungsbild der Quadratnotation divergiert über weite Strecken sehr stark. Im Liber Gradualis zeigt unmittelbar nach *Multifarie olim* im Vers ein Custos ein Quintintervall zur unmittelbar folgenden höheren Note an. Im Vierliniensystem erscheint diese Note optisch aber nur eine Quart höher. Immerhin stellt die Versetzung des C-Schlüssels an dieser Stelle die richtigen Intervallverhältnisse sicher. Der Grund für dieses optisch komplizierte und erst einmal stark verunsichernde Transpositionsverfahren in die obere Quint findet sich im nachfolgenden Kontext im Melisma über *locutus est nobis*, wo durch die Quinttransposition drei „unzulässige" *mib* der Originallage als *sib* wiedergegeben werden können. Die Rückkehr in die Originallage erfolgt unmittelbar vor *in Filio*, erneut mit Hilfe des Schlüsselwechsels und des Custos, der eine Unisono-Beziehung anzeigt, obwohl der Anschlusston im Tetragramm um eine Stufe höher gesetzt erscheint. Das GrN weicht an keinem Punkt von der Originallage ab. Trotz des dreimaligen *mib* ist dadurch die Lesbarkeit der Melodie um Vieles erleichtert. Im übrigen gibt es nicht wenige Fälle, wo durch Vermeidung eines „unzulässigen" chromatischen Tones mit Hilfe einer Transposition an einer Stelle ein solcher an anderer Stelle entsteht, es sei denn auch dieser würde durch eine erneute Teiltransposition unsichtbar gemacht. Ein solcher Fall liegt im Introitus „Deus in loco sancto suo" vom Sonntag in der Weihnachtsoktav, dem Fest der Hl. Familie, in der Wiedergabe des Liber Gradualis vor (siehe Beispiel 36 rechts):[111]

Die Editio Vaticana weist diesen Introitus dem V. Modus zu.[112] Und in der Tat dominieren fast die gesamte Antiphon über die typischen Strukturen des V. Modus das melodische Geschehen. „Konsequenterweise" gibt die Vaticana auch den anschließenden Vers im 5. Psalmton wieder, dies jedoch im Widerspruch zu den maßgeblichen älteren Handschriften, die fast geschlossen einen Vers im 7. Psalmton angeben.[113] Die Herausgeber des GrN folgen, getreu ihren Grundsätzen, dieser älteren Tradition. Sie notieren

110 GrN I, S. 39.

111 Liber Gradualis 2010, S. 28f.

112 Graduale Romanum 1908, S. 296.

113 Vgl. Rupert Fischer, *Die Bedeutung des Codex PARIS, B. N. lat. 776 (Albi)* ... (s. Anm. 80), S. 54–58.

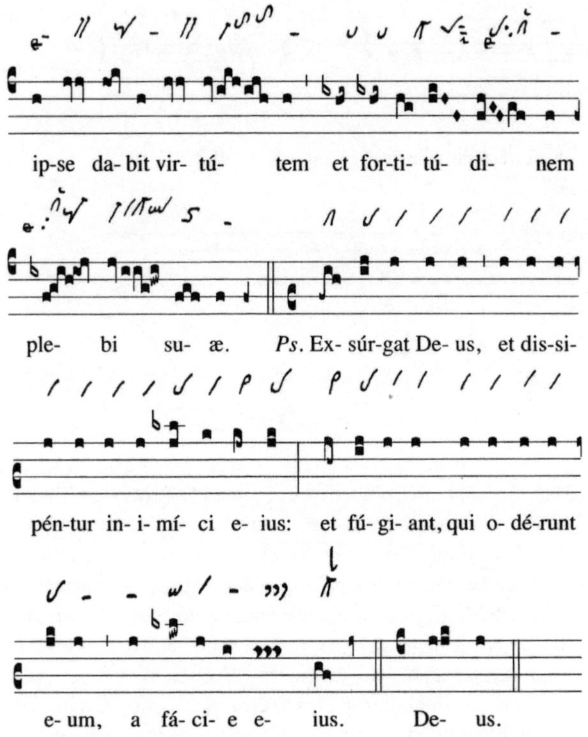

Beispiel 36: nach Liber Gradualis

nicht nur den Vers im 7. Psalmton, sondern geben auch die Antiphon im VII. Modus wieder, d. h. beginnen diese mit *re* und beenden sie mit *sol*, was sie im übrigen in dieser Form in der Handschrift Albi (Paris, B. N. lat. 776) bestätigt finden:[114]

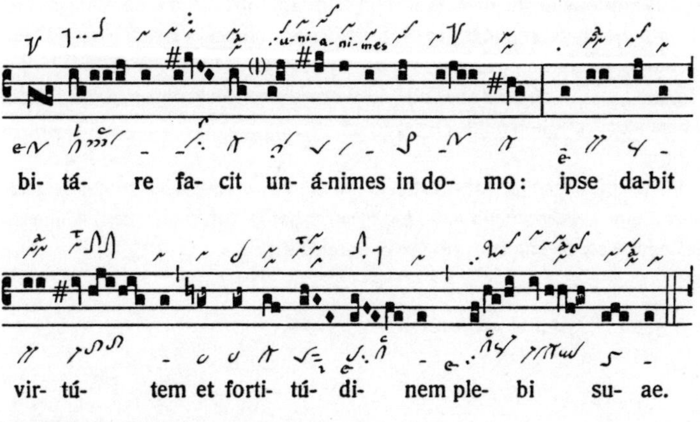

114 GrN I, S. 32f; vgl. auch BzG 23, S. 7f.

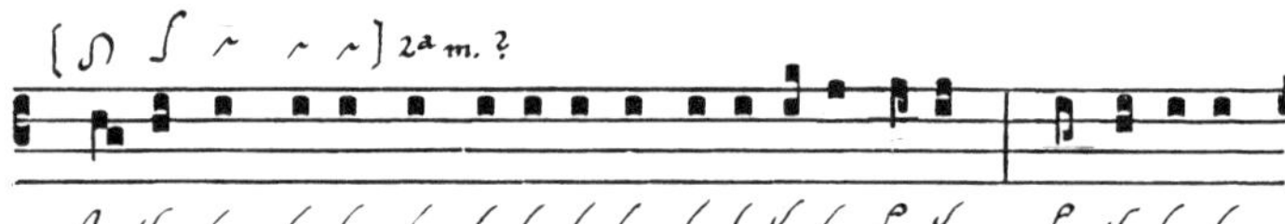

Ps. Exsúrgat De- us, et dissi-péntur in-imí-ci e- jus: * et fú-gi- ant,

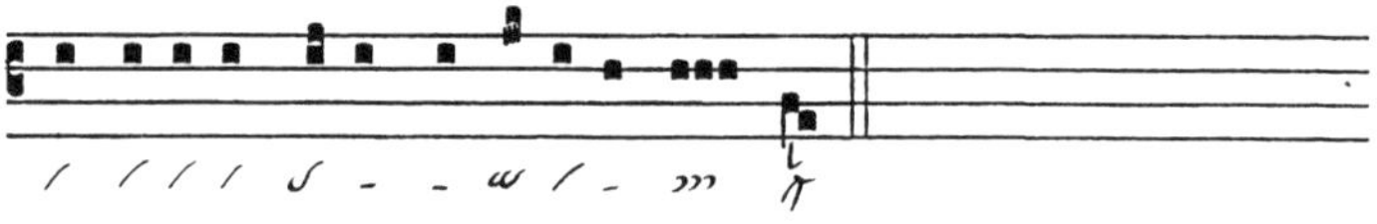

qui odé- runt e- um, a fá-ci- e e- jus.

Beispiel 37: nach Graduale Novum I

Dabei nehmen sie in Kauf, dass in der Antiphon an drei Stellen *do#* und an zwei weiteren Stellen *fa#* auftreten. Gegenüber der Wiedergabe dieses Stückes im GrN, die wohl der modalen Konzeption des komponierenden oder redigierenden Urhebers am nächsten kommen dürfte, notieren die Editio Vaticana und der Liber Gradualis die Antiphon einen Ganzton tiefer, beginnend mit *do* und endend mit *fa*. Sie vermeiden dadurch sämtliche chromatisch alterierten Töne außer dem erlaubten *sib*: aus *do#* wird *si*, aus *fa# mi*. Darin folgen sie sogar der großen Mehrheit der diastematischen Handschriften. Ein Dilemma entsteht aber für den anschließenden Vers, sofern man diesen nach Maßgabe der ältesten Überlieferung im 7. Psalmton notieren will. Sein Tenor würde von *re* auf *do* abgesenkt. Die Spitzentöne des Psalmverses wären dann mit dem „unzulässigen" *mib* wiederzugeben. Die Vaticana entzieht sich (nach dem Vorbild vieler diastematischer Handschriften) von vornherein diesem Dilemma, indem sie nicht nur die Antiphon dem V. Modus zuweist, sondern auch den Vers im 5. Psalmton wiedergibt. Alberto Turco ist im Liber Gradualis bestrebt, auch der ältesten Tradition Rechnung zu tragen, und notiert den Vers zusätzlich zur Alternative des 5. Psalmtons auch im 7. Psalmton. Um aber die beiden „unzulässigen" Spitzentöne *mib* zu umgehen, muss er eine Transposition des Verses in die höhere Quint vornehmen, wodurch aus *mib sib* wird. Für den Anschluss der zu wiederholenden Antiphon muss dann aber am Ende des Verses eine Rücktransposition auf die Notationsebene der Antiphon angezeigt werden.

Das folgende Beispiel vermag auf drastische Weise zu zeigen, wie schwer es gelegentlich sein kann, „verbotenen" bzw. nicht notierbaren chromatischen Tönen zu entkommen, egal welche Transposition man durchführt:[115]

115 GrN I, S. 186.

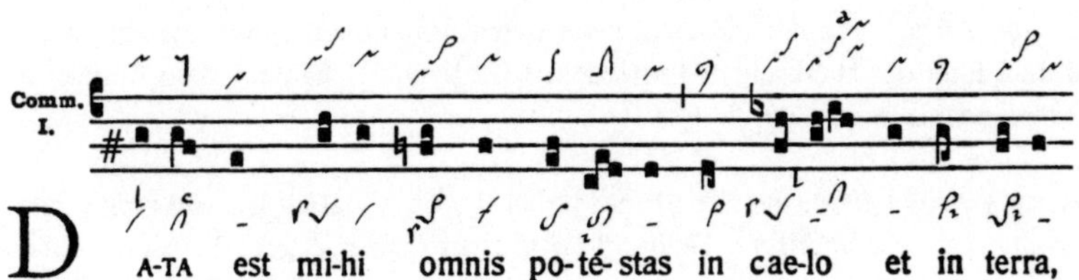

Beispiel 38: nach Graduale Novum I

Der hier wiedergegebene Anfang der Communio „Data est mihi" bereitete dem Arbeitskreis „Melodierestitution" besondere Schwierigkeiten. Das zeigt bereits die Tatsache, dass einem ersten in den BzG veröffentlichten Restitutionsversuch[116] acht Jahre später dort eine weitere, überarbeitete Fassung folgen musste, mit einem klar unterschiedlichen Ergebnis, dem ein höherer Wahrscheinlichkeitsgrad zukommt und das nun im GrN I vorliegt.[117]

Will man das *fa#* bei *Data* umgehen, führt kein Weg an einer Transposition vorbei. Am naheliegendsten ist die Transposition in die höhere Quart mit Anfangston *do*. Dadurch wird das *fa#* bei *Data* zu *si*, und bei *omnis, potestas, caelo* und *terra* erscheint das erlaubte *sib*. Aber der Spitzenton bei *caelo* wäre mit *mib* wiederzugeben. Man kann sich auch eine Sekundtransposition nach unten mit Anfangston *fa* vorstellen, allerdings mit gravierenden Konsequenzen: Aus *fa#* bei *Data* würde dann zwar *mi*, aber 4mal würde *mib* auftreten (bei *omnis*, *potestas*, *caelo* und *terra)*, zweimal das (ebenso untersagte) tiefe *sib* (bei *potestas* und *in caelo*) sowie einmal sogar *lab* (bei *caelo*). Noch abenteuerlicher erscheint ein Beginn der Antiphon mit *sib*. Dadurch würde zwar das *fa#* bei *Data* zu *la*, aber an vier Stellen wäre *lab* zu notieren (bei *omnis*, *potestas*, *caelo* und *terra*), an zwei Stellen das tiefe *mib* (bei *potestas* und *in caelo*) und einmal ein hohes *reb* (bei *caelo*). Schließlich könnte man, dem Beispiel Alberto Turcos folgend, tatsächlich auch ohne die Notation „unzulässiger" chromatischer Töne auskommen, etwa durch Schlüsselwechsel und zusätzlichen Custos:

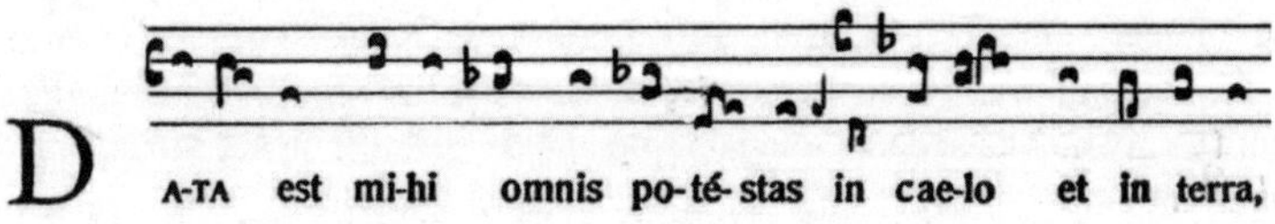

Beispiel 39: eine der möglichen Transpositionslagen

Führt man unmittelbar vor *in caelo* die hier zu sehende Transposition durch, ist tatsächlich bis zum Ende der Antiphon kein einziger „unzulässiger" chromatischer Ton zu notieren. Doch müsste dann am Ende der Psalmverse eine erneute Transpo-

116 Vgl. BzG 33, S. 15–17.

117 Vgl. BzG 49, S. 13f.; bes. auch Franco Ackermans, *Grillig gregoriaans (2): Communio Data est mihi*, in: Tijdschrift voor Gregoriaans 34/3, S. 92–98.

sition zum Anfangston der zu wiederholenden Antiphon angezeigt werden, es sei denn man folgt der Handschrift Einsiedeln 121 (422, 17), die nach dem Psalmvers als Repetenda „euntes“ angibt.

Letzteres Beispiel zeigt, dass es grundsätzlich immer möglich ist, verbotene bzw. nicht notierbare chromatische Töne mit Hilfe einer oder mehrerer Transpositionen unsichtbar zu machen. Aber um welchen Preis?! Nicht selten wird dadurch das äußere Erscheinungsbild einer Melodie derart verunklart, dass es auf Seiten der Sänger zwangsläufig zu Verunsicherungen und Irritationen kommen wird. Im Unterschied zum Liber Gradualis von Alberto Turco vermeidet die Editio Vaticana jegliche Art von Transposition innerhalb eines Gesangsstückes. Die in den Gradualien des V. Modus häufig auftretende Versetzung des C-Schlüssels zusammen mit einem zusätzlichen Custos zwischen Responsum und Solovers hat nichts mit einer Transposition der Melodie zu tun, sondern trägt dem im Vers weit nach oben ausgreifendem Tonumfang Rechnung, der ohne Versetzung des C-Schlüssels in vielen Fällen nicht ohne eine zweite Hilfslinie auskäme. Ähnliches gilt im übrigen auch für das Graduale „Universi“ des Ersten Adventsonntags im I. Modus, wo sich das Responsum eher in den modalen Strukturen des II. Modus bewegt und deshalb mit F-Schlüssel auf der dritten Linie erscheint, während der Solovers bis in den oberen Grenzbereich des I. Modus vordringt und dort der C-Schlüssel auf der obersten Linie sich anbietet, um eine zweite Hilfslinie über dem Tetragramm zu vermeiden.

Andererseits sind in der Vaticana zweifellos viele Fälle einer Transposition anzutreffen, wobei aber stets das ganze Gesangsstück, in keinem Fall nur ein Teil davon, in transponierter Lage erscheint. Am häufigsten kommt eine Transposition in die höhere Quint vor, wie etwa bei den Gradualien des II. Modus in *la*. Dadurch wird das „unzulässige“ tiefe *sib* vermieden, das nun als *fa* erscheint. Und ein eventuell vorkommendes *mib* wird so zu *sib*. Auch in einigen Gesängen des VI. Modus bedient sich die Vaticana der Quinttransposition, auch hier so gut wie immer in der Absicht, das tiefe *sib* oder das tiefe *mib* zu vermeiden. Interessanterweise weist die Vaticana in zwei Introiten des VI. Modus keine Quinttransposition, sondern eine Wiedergabe in der Originallage auf, obwohl auf diese Weise im Intonationsteil beider Gesänge das tiefe *sib* vorkommt. Einer der beiden Gesänge ist der Introitus „Dicit Dominus: Ego cogito“ Er sei hier nach dem Graduale Romanum 1908, d. h. in der Melodiefassung der Editio Vaticana, wiedergegeben (siehe Beispiel 40 rechts):[118]

Bei näherem Hinsehen wird sehr bald klar, warum die Vaticana hier, entgegen ihren sonstigen Gewohnheiten, keine Quinttransposition vorgenommen, sondern die Originallage vorgezogen und damit an zwei Stellen einen verbotenen Ton, das tiefe *sib*, in Kauf genommen hat: Im Fall einer Quinttransposition würde an zwei Stellen im weiteren Verlauf des Stückes, nämlich bei *invocabitis* und *cunctis* ein *fa#* auftreten. Dies galt es zu verhindern. Seltsamerweise gibt die Vaticana auch den Introitus

118 GR 1908, S. 332f.

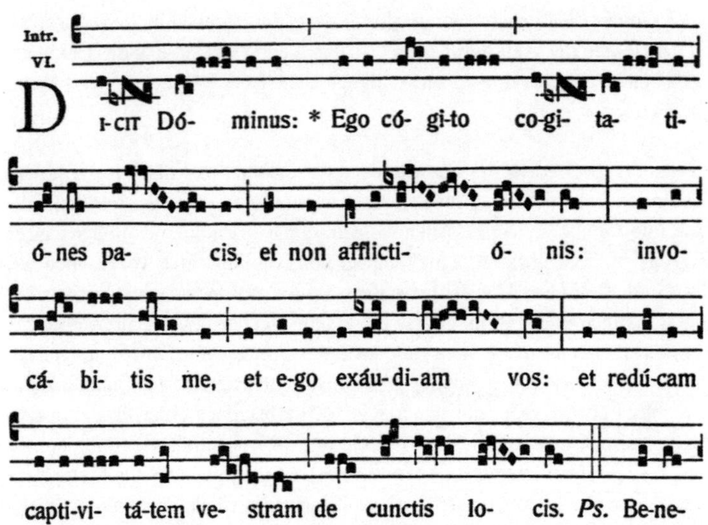

Beispiel 40: nach Graduale Romanum 1908

„Sacerdotes Dei" im VI. Modus[119] – mit eben der gleichen Intonationsformel – in der Originallage und damit mit dem verbotenen *sib* wieder, obwohl dort im Fall einer Quinttransposition das ganze Stück über kein einziger chromatisch alterierter Ton vorkäme. Man wird dies wohl kaum anders als eine Inkonsequenz des verantwortlichen Redaktors des Graduale Romanum 1908 zu deuten haben. Immerhin zeigt der Blick auf die beiden zuletzt genannten Introiten, dass die Editio Vaticana durchaus die eine oder andere Ausnahme vom Gesetz der Vermeidung „unzulässiger" chromatischer Töne kennt. Für die Herausgeber des GrN war dies eine gewisse Ermutigung, den in Band I eingeschlagenen Weg, nach Möglichkeit auf Transpositionen zu verzichten, auch bei der Erarbeitung von Band II konsequent weiterzugehen.

VI.2 Zur Frage der Gliederungszeichen in der Editio Vaticana und im Graduale Novum[120]

Das *Graduale Novum* versteht sich als Ausgabe in der Nachfolge des *Graduale Romanum 1908* und des *Graduale Triplex 1979*. Das zeigt sich u. a. auch darin, dass sich im GrN alle Gliederungszeichen der Editio Vaticana wiederfinden: vom Doppelstrich (Finalis) über den Ganzstrich (Divisio maior) und den Halbstrich (Divisio minor) bis zum Viertelstrich (Divisio minima). Aus dem Einführungstext zum

119 Ebd., S. [6].

120 Überarbeitete Fassung des Beitrags v. Johannes Berchmans Göschl, *„Parola cantata". Zur Frage der Gliederungszeichen in der Editio Vaticana und im Graduale Novum*, in: *Testimonia tua meditatio mea*, Festschrift zum 80. Geburtstag v. Heinrich Rumphorst, BzG 59/60, Regensburg 2015, S. 137–144.

Graduale Romanum 1908 geht hervor, dass einerseits die Unterschiedlichkeit dieser Zeichen in den Texten der gregorianischen Gesänge begründet ist, und dass andererseits die Zeichen selbst als Hinweis auf obligatorische bzw. mögliche Atempausen zu verstehen sind.[121]

Was den Ort und die Bedeutung der Gliederungszeichen, vor allem im Hinblick auf die Atempausen, betrifft, besteht kein prinzipieller Unterschied zwischen Editio Vaticana und GrN. Der Doppelstrich steht immer am Ende eines Stückes oder innerhalb eines Stückes dort, wo ein Wechsel der Ausführenden vorgesehen ist, so z. B. im Graduale beim Wechsel vom Responsum zum Solovers oder bei den Ordinariumsgesängen wie z. B. im Gloria bei jedem Wechsel zweier alternierender Sängergruppen. Der Ganzstrich steht innerhalb des Stückes am Ende eines Satzes und bezeichnet einen wichtigen inhaltlichen Einschnitt. Hier ist eine gemeinsame Atempause obligatorisch. Der Halbstrich zeigt den Abschluss einer größeren und relativ eigenständigen textmelodischen Einheit an, die aber andererseits noch der inhaltlichen Weiterführung bzw. Ergänzung bedarf. Auch hier ist eine Atempause vorgesehen, die aber nicht zu lang sein soll, um Sinnzusammenhänge nicht in ungebührender Weise zu unterbrechen. Der Viertelstrich schließlich steht am Ende einer kleineren textmelodischen Einheit, häufig als Hinweis auf eine wichtige Wortartikulation. Hier kann, muss aber nicht geatmet werden.[122]

Obwohl sich im GrN, wie eben ausgeführt, alle Gliederungszeichen der Editio Vaticana wiederfinden, wurden sie doch dahingehend modifiziert, dass in vielen Fällen dem Zeichen für die vergleichsweise kleinere Pause der Vorzug gegeben wurde. Das Gegenteil, das Zeichen für die relativ größere Pause anstelle des Zeichens für die relativ kleinere Pause der Editio Vaticana, kommt hingegen äußerst selten vor. Außerdem ist im GrN mehrmals der Viertelstrich als Zeichen für die Divisio minima ganz entfallen. Neu eingeführt wurde der Viertelstrich in Klammern. Dieses Zeichen soll bedeuten, dass es besser wäre, hier nicht zu atmen, und dass auf jeden Fall auf die Fortsetzung des textmelodischen Sinnzusammenhangs zu achten ist, dass aber hier – und nur hier – der Ort ist, wo im Bedarfsfall geatmet werden kann.

Als konkretes Beispiel für das eben Gesagte diene ein Vergleich ein und desselben Gesangsstückes, des Introitus „Inclina Domine", in der Version des GT[123] (mit dem Notentext und den Gliederungszeichen der Editio Vaticana) und jener des GrN (siehe rechts)[124]:

---

121 Vgl. GRADUALE SACROSANCTAE ROMANAE ECCLESIAE DE TEMPORE ET DE SANCTIS, *De ratione Editionis Vaticanae Cantus Romani*, Romae (Typis Vaticanis) 1908, S. XIII.

122 Vgl. Luigi Agustoni in Zusammenarbeit mit Johannes Berchmans Göschl, Godehard Joppich, Heinrich Rumphorst, *Gregorianischer Choral*, in: *Musik im Gottesdienst*, hg. v. Hans Musch, Bd. 1, Regensburg [4]1993, S. 250–254.

123 GT, S. 326.

124 GrN I, S. 314.

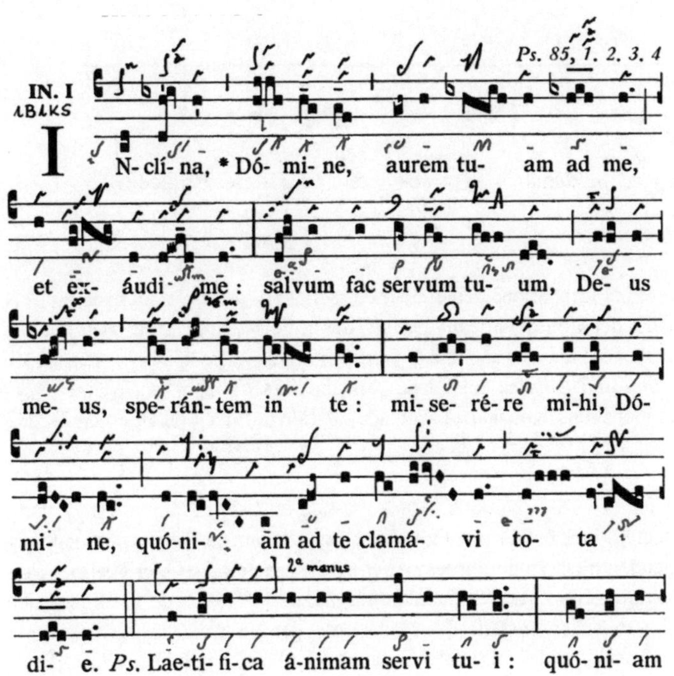

Beispiel 41a: nach Graduale Triplex

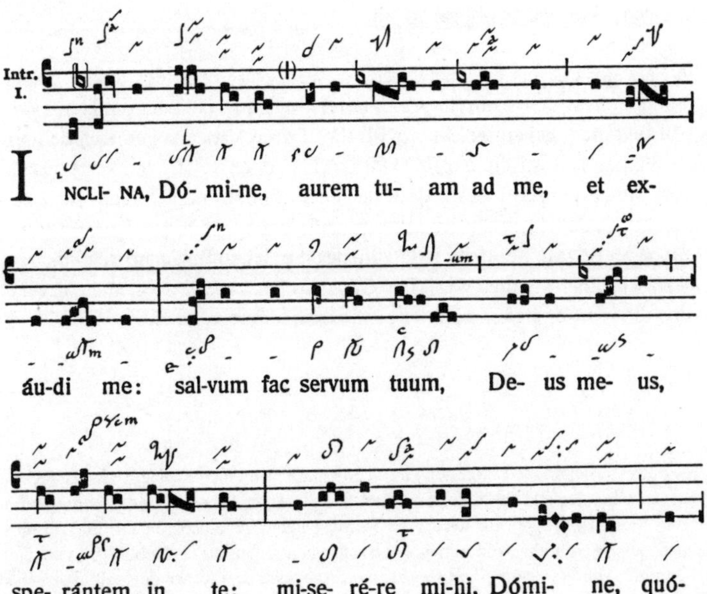

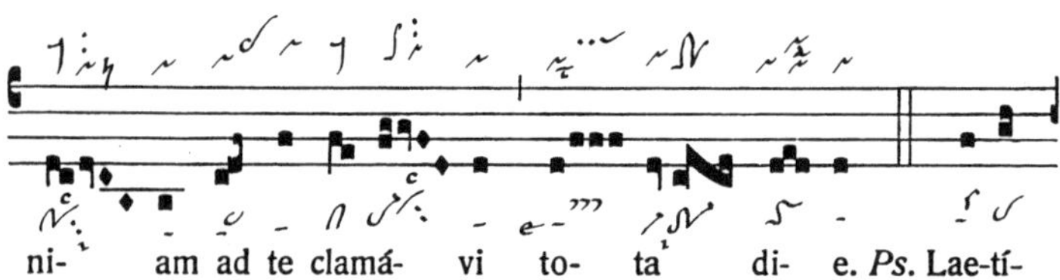

Beispiel 41b: nach Graduale Novum I

Nach der typischen Intonationsformel über dem ersten Wort *Inclina* wurde im GrN der Viertelstrich der Editio Vaticana getilgt, denn die Melodie strebt zielgerichtet und unaufhaltsam auf die Akzentsilbe *Domine* hin. Es soll also keinerlei Atempause zwischen *Inclina* und *Domine* entstehen, was andererseits nicht gegen eine angemessene (und hier wünschenswerte) Wortartikulation auf der Endsilbe von *Inclina* spricht.

Der Viertelstrich der Vaticana nach *Domine* wurde im GrN in Klammern gesetzt, Dies soll bedeuten, hier besser nicht zu atmen, um den engen Sinnzusammenhang mit dem Folgenden nicht zu gefährden. Aber im Bedarfsfall darf hier geatmet werden, wohl im Sinn einer „reflexartigen Luftergänzung"[125]. Nach *ad me* findet sich im GrN ein Viertelstrich anstelle des Halbstrichs der Vaticana. Dadurch soll ein etwas engerer Anschluss des letzten (wenn auch relativ eigenständigen) Satzgliedes *et exaudi me* an den vorausgehenden Satzteil und seine inhaltliche Zugehörigkeit zu diesem besser gewährleistet werden. Hier kann in Anbetracht der Länge des vorausgehenden Satzteils geatmet werden. Am Satzende, nach *et exaudi me*, ist natürlich eine angemessene Atempause obligatorisch.

Der zweite Satz besteht aus drei Satzgliedern, wobei das Ende der ersten beiden nach *tuum* und *meus* im GrN durch zwei Viertelstriche mit der Möglichkeit, zweimal Atem zu schöpfen, gekennzeichnet wird. Die Editio Vaticana hat nach dem ersten Satzglied einen Halbstrich, der im GrN durch eine Viertelstrich ersetzt wurde, um auf diese Weise zu verhindern, dass der enge Sinnzusammenhang zwischen *servum tuum* am Ende des ersten Satzgliedes und dem zugehörigen Partizip Praesens *sperantem* zu Beginn des dritten Satzgliedes durch den Einschub des Vokativs *Deus meus* zu sehr unterbrochen wird. Der Ganzstrich nach *in te* zeigt auch hier das Satzende und die Notwendigkeit einer angemessenen Atempause an.

125 Den Ausdruck „reflexartige Luftergänzung" verdanke ich meiner Kollegin Gisela Farenholtz von der Choralschola St. Nikolai zu Kiel, die als Atem-, Sprech- und Stimmlehrerin tätig ist. In diesem Berufszweig wird der Ausdruck heute gebraucht für ein kurzzeitiges Entspannen des Zwerchfells, wodurch wie von selbst neue Atemluft verfügbar wird und eine nahezu unmittelbare Fortsetzung des Gesangsvortrags gewährleistet werden soll, ohne dass der Hörer eine regelrechte Atempause wahrnimmt.

Im dritten und letzten Satz der Antiphon stimmen die Gliederungszeichen des GrN mit jenen der Editio Vaticana überein: Nach *Domine* markiert der Halbstrich das Ende einer relativ eigenständigen textmelodischen Einheit, die allerdings eine Fortsetzung und inhaltliche Ergänzung durch den mit *quoniam* eingeleiteten nachfolgenden Halbsatz erfährt. In diesem abschließenden Halbsatz findet noch eine letzte, durch einen Viertelstrich gekennzeichnete textliche und musikalische Untergliederung – mit der Möglichkeit, Atem zu schöpfen – statt, wodurch dem Ausdruck *tota die* eine gewisse, jedoch untergeordnete inhaltliche Eigenständigkeit und Bedeutungsfülle zuteil wird, die hier nicht zuletzt auch von den Neumen der alten Handschriften gestützt wird.

Als Ergebnis der vorausgehenden Analyse des Introitus „Inclina Domine“ darf festgehalten werden, dass die Unterschiedlichkeit der Gliederungszeichen im GrN (und grundsätzlich auch in der Editio Vaticana) primär in der Textstruktur begründet ist, wobei die Komposition den textlichen Vorgaben in perfekter Weise Rechnung trägt. Daniel Saulnier übt in der von ihm verfassten und in der Zeitschrift La Maison-Dieu veröffentlichten Rezension des GrN Kritik an der Art und Weise, wie die Herausgeber des GrN mit den Gliederungszeichen der Editio Vaticana umgegangen sind. Er hat bei seiner Kritik vor allem die Tractus im Blick, ganz besonders die klassischen Tractus bzw. Cantica im VIII. Modus der Osternacht, die ja auf ein und derselben Typusmelodie basieren und doch im GrN an vergleichbaren Stellen unterschiedliche Gliederungszeichen aufweisen. Ein Kriterium hierfür könne er nicht erkennen.[126]

Dem Rezensenten von La Maison-Dieu scheint entgangen zu sein, dass bei den Tractus bzw. Cantica der Osternacht auch die Vaticana an vergleichbaren Stellen gelegentlich unterschiedliche Gliederungszeichen verwendet, ganz offensichtlich der Texte wegen. Unter diesem Gesichtspunkt erweist sich eine Analyse der ersten zwei Verse des Canticums „Cantemus Domino“ der Osternacht in der Gegenüberstellung der Versionen des GT und des GrN als besonders aufschlussreich:

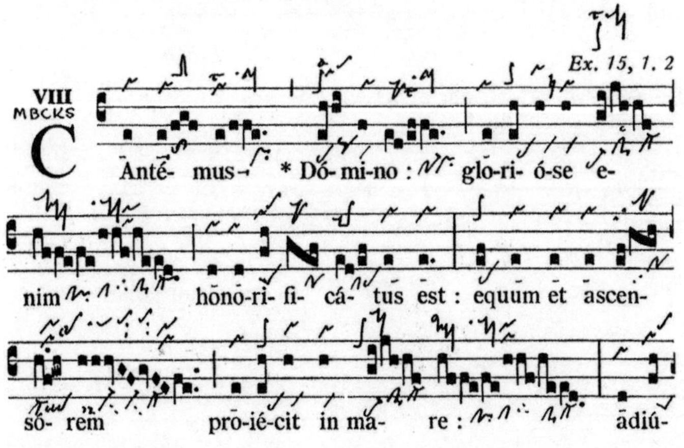

126 Vgl. Daniel SAULNIER, Rezension in: La Maison-Dieu 266 (2011/2), S. 143f., bes. Fußnote 2.

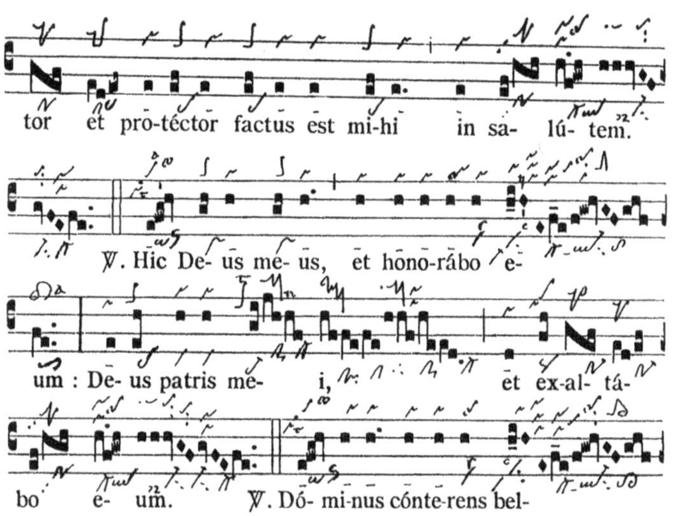

Beispiel 42a: nach Graduale Triplex, S. 186

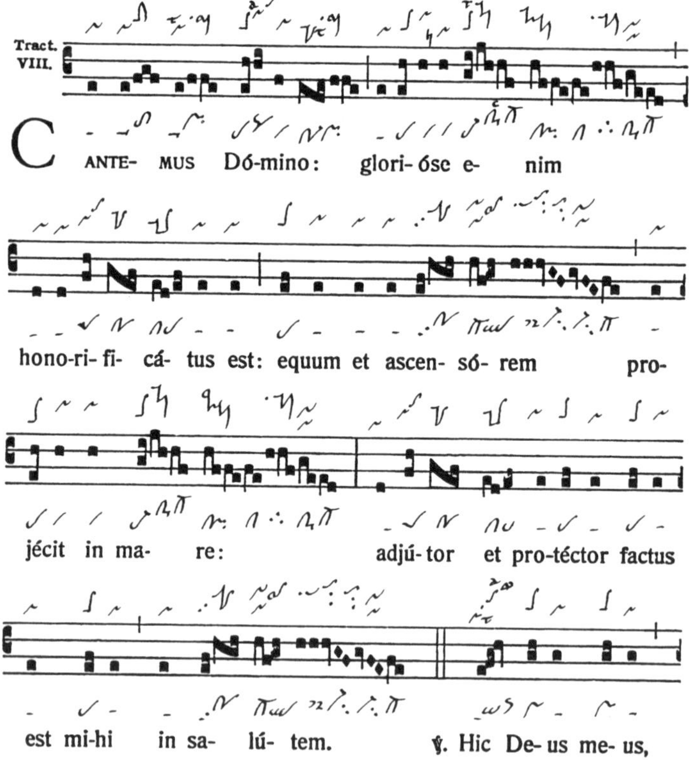

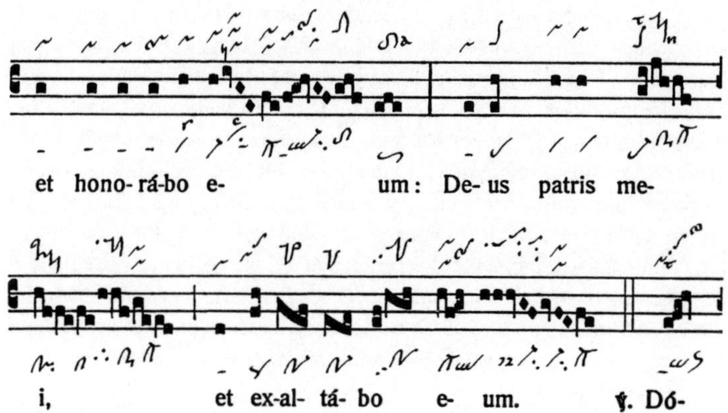

Beispiel 42b: nach Graduale Novum I, S. 152

Das besondere Kennzeichen der vier klassischen Cantica bzw. Tractus der Osternacht „Cantemus Domino“, „Vinea facta est“, „Attende caelum“ und „Sicut cervus“ besteht in ihrer deutlich hervortretenden psalmodischen Grundstruktur. Die melodische Vollgestalt eines Verses, wie sie im Canticum „Cantemus Domino“ in Vers 2 „Hic Deus meus“ vorliegt, setzt sich im Normalfall aus drei großen und relativ eigenständig vertonten Formeln zusammen, die jeweils in sich klar psalmodisch strukturiert sind mit den Elementen Intonation (Initium), Rezitation auf der Tenorstufe und Kadenz, wobei der Tenor in der ersten Formel auf *si*[127], in der zweiten auf *do* und in der dritten auf *sol* liegt. Bei entsprechender Kürze des Textes kann die eine oder andere der drei Formeln entfallen, wobei aber der Formel mit Tenor *do* normalerweise die Formel mit Tenor *sol* folgen muss. Außerdem kann infolge der Kürze des Textes die Rezitation auf der Tenorstufe in stark komprimierter Form auftreten oder ganz entfallen, was vor allem auf die Formel mit Tenor *sol* zutrifft, wie hier in Vers 2 bei *et exaltabo* zu sehen ist. Von gewissen Ausnahmen abgesehen, findet sich in der Editio Vaticana am Ende der drei Formeln ein Ganzstrich (Divisio maior). Ein Blick auf die wenigen Ausnahmen zeigt, dass diese immer mit dem Text zu tun haben.[128] Allein dies legt schon den Schluss nahe, dass auch die Vaticana bei Typusmelodien die Gliederungszeichen an vergleichbaren Stellen nicht automatisch in vereinheitlichter Form wiedergibt, sondern mit Bedacht, d. h. mit Rücksicht auf die jeweilige Textsituation, gewählt hat.

127 In der Editio Vaticana und folglich auch im GT ist in all diesen Fällen der ursprüngliche Tenor si, einer jüngeren Tradition folgend, zu do erhöht. Im GrN ist für das Proprium Missae erstmals die Rückkehr zum ursprünglichen Tenor si dokumentiert.

128 Abgesehen von der Sondersituation von Vers 1 des Canticums „Cantemus Domino“, vgl. dort in Vers 2 die Stelle nach *Deus Patris mei* (GT, S. 187, 2), im Canticum „Vinea facta est“ in Vers 3 die Stelle nach *Sabaoth* (GT, S. 189, 1), im Tractus „Sicut cervus“ in Vers 2 die Stelle nach *anima mea* (GT, S. 190, 8) und nach *et apparebo* (GT, S, 191, 1) sowie in Vers 3 die Stelle nach *lacrimae meae* (GT, S. 191, 3) und nach *per singulos dies* (GT, S. 191, 5).

Ein Sonderfall liegt in Vers 1 des Canticums „Cantemus Domino“ vor. Abgesehen von der Tatsache, dass hier aufgrund der Überlänge des Textes die zweite und dritte Formel mit Tenor *do* bzw. *sol* je zweimal auftreten, fällt besonders die problematische bis „falsche“ Applikation der verwendeten Melodieformeln auf die zweifellos schwierige Textsituation auf.[129] In der Tat trifft die zweite Formel mit Tenor *do* auf *gloriose enim*, schließt also mit dem Wort *enim*, was ohne die Fortsetzung *honorificatus est* keinen Sinn ergibt. Ähnliches spielt sich im nachfolgenden Satz ab: Bei *equum et ascensorem* findet die dritte Formel mit Tenor *sol* mit Schluss auf *ascensorem* Verwendung, und dies mit einer Kadenzwendung, die normalerweise für den Versschluss vorgesehen ist. Auch hier verlangt der textliche Sinnzusammenhang die möglichst nahtlose Fortsetzung *proiecit in mare*, die sich jedoch hier mit der zweiten Formel mit Tenor *do* ziemlich eigenständig und vom vorhergehenden Kontext ziemlich losgelöst präsentiert.

Der Redaktor der Editio Vaticana ist sich dieser textmelodischen Konfliktsituation voll bewusst. Als Lösung des Problems bietet er bezüglich der Gliederungszeichen einen Kompromiss an, durch den er sowohl einer vorgegebenen Melodiestruktur als auch – und dies vor allem – dem Text gerecht zu werden sucht. So setzt er an beiden problematischen Stellen, nach *enim* und *ascensorem*, einen Halbstrich statt des an den Vergleichsstellen üblichen Ganzstriches. Darüber hinaus unterbricht er beim ersten Auftreten der dritten Formel in ganz und gar unüblicher Weise die Rezitation auf *sol* in der Mitte zwischen *honorificatus est* und *equum et ascensorem* durch eine Ganzstrich, um damit zum Ausdruck zu bringen, dass mit *honorificatus est* der Satz abschließt und mit *equum* ein neuer Satz beginnt.

Die Herausgeber des GrN entscheiden sich an den fraglichen Stellen weniger als der Redaktor der Editio Vaticana für den Kompromiss und räumen in der Wahl der Gliederungszeichen eindeutig dem textlichen Sinnzusammenhang den Vorrang ein. So setzen sie sowohl nach *gloriose enim* als auch nach *ascensorem* anstelle des Halbstriches der Vaticana nur einen Viertelstrich, um die möglichst nahtlose Fortsetzung des Sinnzusammenhangs einzufordern, wobei aber der Viertelstrich an beiden Stellen eine nicht unbedeutende Textartikulation nahelegen soll. Eine Art Kompromiss gehen sie allerdings bei der Stelle zwischen *honorificatus est* und *equum* ein: Um auszudrücken, dass hier einerseits der Ganzstrich der Vaticana zuviel ist, weil er die Einheit der rezitativischen Passage zu stark unterbricht, zumal auch ein klarer logischer Konnex zwischen beiden Sätzen zu berücksichtigen ist, andererseits ein Viertelstrich (der in der Vaticana sonst ausschließlich im Fall einer Untergliederung der rezitativischen Passage Verwendung findet) zu wenig wäre, weil eben doch mit *equum* ein neuer Satz beginnt, haben sie sich für die mittlere Lösung, den Halbstrich, entschieden.

129 Das Verdienst, auf dieses Problem aufmerksam gemacht zu haben, gebührt Xaver Kainzbauer, der in seiner großen Studie *Der Tractus Tetrardus. Eine centologische Untersuchung*, in: BzG 11, S. 1–131, hier bes. S. 91f., das Canticum „Cantemus Domino“ detailliert besprochen hat.

Immerhin ist an dieser Stelle festzuhalten, dass bereits der Redaktor der Editio Vaticana in den zuletzt erörterten Fällen ein ausgeprägtes Problembewusstsein an den Tag legt, das auf einer nicht zu unterschätzenden Sensibilität für die Gegebenheiten und Erfordernisse des Textes beruht, konkret: dass er sich im Fall von Typusmelodien nicht einfach mit einer automatischen Übernahme derselben Gliederungszeichen für alle melodisch vergleichbaren Stellen begnügt, sondern dabei der jeweiligen Textsituation Rechnung zu tragen sucht. Ähnliches dürfen die Herausgeber des GrN für sich in Anspruch nehmen, wobei deren Sensibilität für die Belange des Textes durch die Semiologie besonders geschärft sein dürfte.

Vor dem Hintergrund der zuletzt dargelegten Sachverhalte ist man unwillkürlich überrascht, dass für den Rezensenten von La Maison-Dieu offensichtlich das einzige Kriterium für die Wahl der Gliederungszeichen die vorgegebene Melodiestruktur ohne Rücksicht auf den Text ist. Die Herausgeber des GrN sahen hingegen das primäre Kriterium für die Wahl der Gliederungszeichen generell und damit auch für Änderungen an den Gliederungszeichen der Editio Vaticana im **Wort-Ton-Verhältnis**. Gregorianischer Choral ist wesentlich „parola cantata", Wort, das im Gesang erklingt, und nicht umgekehrt: eine vorgegebene Melodie, der ein Text unterlegt wird. Dies gilt auch für Typusmelodien. Hier wird eine vorgegebene Melodie unterschiedlichen Texten angepasst, nicht umgekehrt.

Abschließend noch einmal zurück zu der Frage, inwieweit die Gliederungszeichen des GrN als verbindliche Hinweise auf Atempausen zu verstehen sind. Generell wird man auf diese Frage zu antworten haben, dass sie primär als Vorschläge zu interpretieren sind, an welchen Stellen man sinnvollerweise Atem schöpfen soll oder kann. Dass im Fall eines Ganzstriches (Divisio maior) und wohl auch eines Halbstriches (Divisio minor) eine angemessene Atempause – sowohl im Solovortrag als auch im Ensemblepart – geboten sein dürfte und dass der Viertelstrich in Klammern nur im Bedarfsfall die Möglichkeit einer kurzen Atempause – meist im Sinn einer „reflexartigen Luftergänzung" – offenlässt, wurde bereits gesagt. Ein gewisses Problem stellen gelegentlich die Fälle eines nicht in Klammern gesetzten Viertelstriches (Divisio minima) dar. Zwar sind sie grundsätzlich im Sinne fakultativer Atempausen zu verstehen, wie bereits gesagt wurde. Dadurch wird dem Interpreten bzw. Scholaleiter ein ziemlich großer Ermessensspielraum zugestanden. Doch wäre nach meiner Überzeugung das rechte Maß überschritten, wollte man hier von vornherein grundsätzlich oder mehrheitlich auf Atempausen verzichten bzw. sie im Ensemblepart durch chorische Atmung einfach „übersingen".

Leider ist diese Tendenz nach meiner Beobachtung bei einigen – auch semiologisch orientierten – Choralscholae stark ausgeprägt. Bei CD-Aufnahmen wird sogar versucht, solistische Darbietungen mit Hilfe der Tontechnik so zusammenzuschneiden, dass über längere Strecken kaum noch Atempausen zu hören sind. Hier wäre zu fragen: Ist das noch natürlich? Und: Ist nicht richtiges Atmen an der richtigen Stelle – sowohl im Ensemble als auch im Solovortrag – ein wichtiges Ausdrucksmittel und damit ein unerlässliches Element der Interpretation? Wenn Gregorianischer Choral gemäß seiner von allen Semiologen eingeklagten Kurzdefinition „parola cantata" ist, „Klangrede" im wahrsten Sinne des Wortes, dann ist dieser Gesang „sprachgerecht" auszuführen. Darüber hinaus sollte man auch bedenken, dass der engagierte Hörer eines Gesanges – bewusst oder unbewusst – mitatmet und dass er – wie bei einer „ohne Punkt und Komma" vorgetragenen Rede – leicht in Stress und Atemnot geraten kann, wenn er kaum noch Atempausen wahrnimmt.

Immer wieder wird von Außenstehenden die meditative Wirkung des Gregorianischen Chorals hervorgehoben. In der Tat gibt es viele und enge Berührungspunkte zwischen dem Gregorianischen Choral und der frühchristlichen Meditationspraxis der „ruminatio".[130] So wie diese Form der Meditation – wie übrigens jede Form der Meditation – auf einem geordneten Rhythmus des Ein- und Ausatmens beruht, liegen auch dem gesanglichen Vollzug des Gregorianischen Chorals u. a. die natürlichen Abläufe des Atmens zugrunde. Werden diese an den richtigen Stellen in korrekter Weise und dezent wahrnehmbar ausgeführt, sind bei Sängern und Hörern gute Voraussetzungen für eine ganzheitliche Form von Meditation gegeben, bei der Geist, Seele *und* Leib ineinander wirken.

VI.3 EDITORISCHE UNTERSCHIEDE ZWISCHEN GT UND GrN

Wie bereits erwähnt, versteht sich das GrN als Nachfolge-Edition zum GT. In beiden Ausgaben handelt es sich ja um ein Graduale triplex, d. h. ein Gesangbuch in dreifacher musikalischer Notation, der Quadratnotation und – soweit vorhanden – der Neumennotation von zwei der maßgeblichen adiastematischen Handschriften. Andererseits zeigen sich unter editorischem Gesichtspunkt auch gewisse Unterschiede zwischen beiden Editionen. So macht ihre Gegenüberstellung in den Bespielen 41 und 42 auf einen nicht unerheblichen optischen Unterschied aufmerksam. In der Tat wurden im GrN die Abstände zwischen dem Vierliniensystem und der darunterliegenden Textzeile sowie zwischen zwei Tetragrammen im Vergleich zum GT beträchtlich vergrößert. Es sollte dadurch zwischen Liniensystem und Textzeile genügend Raum für die St. Galler Neumen entstehen, ohne sie wegen Platzmangel teilweise auch noch ins Liniensystem schreiben zu müssen. Und durch den größeren Abstand über dem Liniensystem sollte die Möglichkeit geschaffen werden, der relativen Diastematie der Neumennotation von Laon 239 besser gerecht zu werden, als dies im GT geschieht, wo nicht wenige Neumen beziehungsweise Neumenelemente aus Platzmangel im Liniensystem untergebracht werden mussten.

130 Vgl. in Luigi Agustoni/ Johannes Berchmans Göschl, *Einführung in die Interpretation des Gregorianischen Chorals*, Bd. 2 (Teilband II), Regensburg/Kassel 1992, S. 685ff., die Ausführungen zum Thema *Der Gregorianische Choral als Einübung in die meditative Grundhaltung des Sich-Loslassens an das Wort.*

Das Ergebnis dieser großzügigeren räumlichen Disposition ist zweifellos eine wesentlich entspanntere Optik, die sowohl den beiden Neumennotationen als auch der Quadratnotation und nicht zuletzt der Textschrift zugute kommt. Dadurch ist die Lesbarkeit eines Gesanges in all seinen Komponenten erheblich erleichtert. Aber diese Vorzüge wurden andererseits um den Preis erkauft, dass auf einer Buchseite im Schnitt zwei bis drei Liniensysteme weniger als im GT untergebracht werden konnten.

Der Vergleich zwischen GT und GrN zeigt noch einen weiteren Unterschied zwischen beiden Editionen: In der Wiedergabe der Gesänge im GrN fehlen mit Ausnahme der Angabe der jeweiligen Gesangsgattung und des jeweiligen Modus alle übrigen Zusatzinformationen, die im GT bei den Gesängen selbst anzutreffen sind, nämlich die Angaben zur Textquelle, zu den Texthandschriften des Antiphonale Missarum Sextuplex und zu den adiastematischen Handschriften inklusive deren jeweilige Seitenzahl. Die Herausgeber des GrN I haben sich im Einvernehmen mit dem ConBrio Verlag Regensburg – teils aus satztechnischen Gründen, teils um einer besseren Optik der Gesänge willen – entschlossen, alle diese Informationen im Index am Schluss des Buches unterzubringen, dazu noch die Verweise auf Nummer und Seite der BzG und die Seitenzahl des GT. Im GrN I erschien dies nur mit zwei Indices realisierbar. Das GrN II hat nur noch einen einzigen ausführlichen Index (Index copiosor). Da dieser aus Gründen der praktischen Benutzbarkeit alle notwendigen Angaben für die Gesänge beider Bände in einer einzigen Übersicht enthalten sollte, wurde hier der Verweis auf das GT weggelassen und die Textquelle direkt unter dem Textincipit angegeben. Sämtliche in diesem einen Index enthaltenen Informationen stellen eine unverzichtbare Quelle sowohl für die liturgische Praxis als auch für den wissenschaftlichen Umgang mit dem GrN dar, die geeignet ist, den Einstieg in ein vertieftes Studium der Gesänge zu ermöglichen und zu erleichtern.

Hier schließlich noch ein kurzes Wort zu den in Klammern gesetzten Alterationszeichen im GrN. Sind solche Vorzeichen – in den meisten Fällen handelt es sich um *b* – in Klammern gesetzt, bedeutet dies, dass es im freien Ermessen des Interpreten steht, ob der alterierte oder der nicht alterierte Ton gesungen werden soll. Zugegeben: Dies stellt eine besondere Herausforderung an die Interpreten, in erster Linie an den Schola- bzw. Chorleiter, dar und wird wohl von mehr als einem Interpreten und mehr als einem Schola- bzw. Chorleiter als unbequem, wenn nicht sogar lästig empfunden werden. Die Herausgeber des GrN waren aber der Meinung, diese Unbequemlichkeit den Interpreten aus Gründen der wissenschaftlichen Redlichkeit in all jenen Fällen – und davon gibt es nicht wenige – zumuten zu müssen, wo auch nach eingehendem Studium der handschriftlichen Quellen ernst zu nehmende Zweifel, ob der alterierte oder der nicht alterierte Ton richtig ist, nicht auszuräumen waren.

VI.4 WARUM KEINE NEOGRAPHIEN IM GrN?

In den Ausführungen zur Vorgeschichte des GrN war bereits davon die Rede, dass sich die Mitglieder des Arbeitskreises „Melodierestitution" nach Jahren gemeinsamer Arbeit dazu entschlossen haben, den Notenformen der Quadratnotation der Editio Vaticana keine Neographien, d. h. neue Notenformen hinzuzufügen. Diesem Entschluss gingen zahlreiche Testversuche mit allen erdenklichen Variationen einer Neographie voraus. Schließlich gab es doch schon seit den 20er Jahren des vorigen Jahrhunderts ernst zu nehmende Versuche einer Neographie in Anlehnung an die ältesten adiastematischen Handschriften, vor allem jene der Notationsfamilie von St. Gallen. Besonders aber in den letzten Jahrzehnten wurden solche Versuche von mehreren Gregorianikfachleuten eifrig weiterentwickelt, und wie es scheint, mit einer gewissen Akzeptanz und positiven Resonanz von Seiten der Ausführenden, Scholaleiter wie Sänger.

Einer Mitschrift von Heinrich Rumphorst von der konstituierenden Sitzung des Arbeitskreises „Melodierestitution" 21.–23. Januar 1977, an der auch Dom Cardine teilnahm, entnehme ich die Notiz, dass die Teilnehmer eine große Bereitschaft zeigten, eine den semiologischen Daten möglichst nahekommende Neographie zu entwickeln, allerdings auch den Wunsch äußerten, dabei klug vorzugehen und nicht allzu viele neue Notenformen einzuführen. Dass auch noch in den 80er Jahren im Kreis der Semiologen um eine optimale Ausbildung der Neographie gerungen wurde, beweist nicht zuletzt die Tatsache, dass auf dem Kongress der AISCGre von Luxemburg am 6. Juni 1984 Alfons Kurris einen eigenen (meines Wissens nie veröffentlichten) Vortrag zu diesem Thema mit dem Titel „Möglichkeiten und Begrenzungen der Quadratnotenschrift" gehalten hat.

Warum also keine Neographien im GrN? Mit dieser kritischen Frage werden die Herausgeber des GrN bis zum heutigen Tag ständig konfrontiert. Eine erste Antwort darauf: Die Zeit jahrelangen Experimentierens mit Neographien endete für die Mitglieder des Arbeitskreises „Melodierestitution" mit der ernüchternden Feststellung, dass keine Form der Neographie auch nur annähernd in der Lage ist, alle in den adiastematischen Handschriften enthaltenen rhythmischen Informationen wiederzugeben, geschweige denn auch gelegentlich unterschiedlichen Angaben bzw. Nuancierungen in der Neumennotation beider adiastematischen Handschriften gerecht zu werden (vgl. dazu weiter unten das zur „Fluxusnotation" Gesagte). So reifte denn der Entschluss, bei einer Neuausgabe gregorianischer Melodien die Quadratnotation der Editio Vaticana unverändert beizubehalten und ihr keine neuen Notenformen hinzuzufügen. Da andererseits die Vaticana – mit Ausnahme der (nicht selten korrekturbedürftigen) internen Gruppierung von Mehrtonneumen – keinerlei Auskünfte rhythmischer Natur zu geben vermag, sind ihrem in diesem Sinn neutralen Notentext – wie im GT – die Neumen der ältesten Handschriften der St. Galler Notationsfamilie und von Laon 239 hinzuzufügen. Detaillierte rhythmische Informationen sind so gut wie ausschließlich diesen zu entnehmen. Folgendes Beispiel aus dem Liber Gradualis von Alberto Turco eignet sich vortrefflich, um den sehr lückenhaften Informationswert der dort angewandten Neographie vor Augen zu führen:[131]

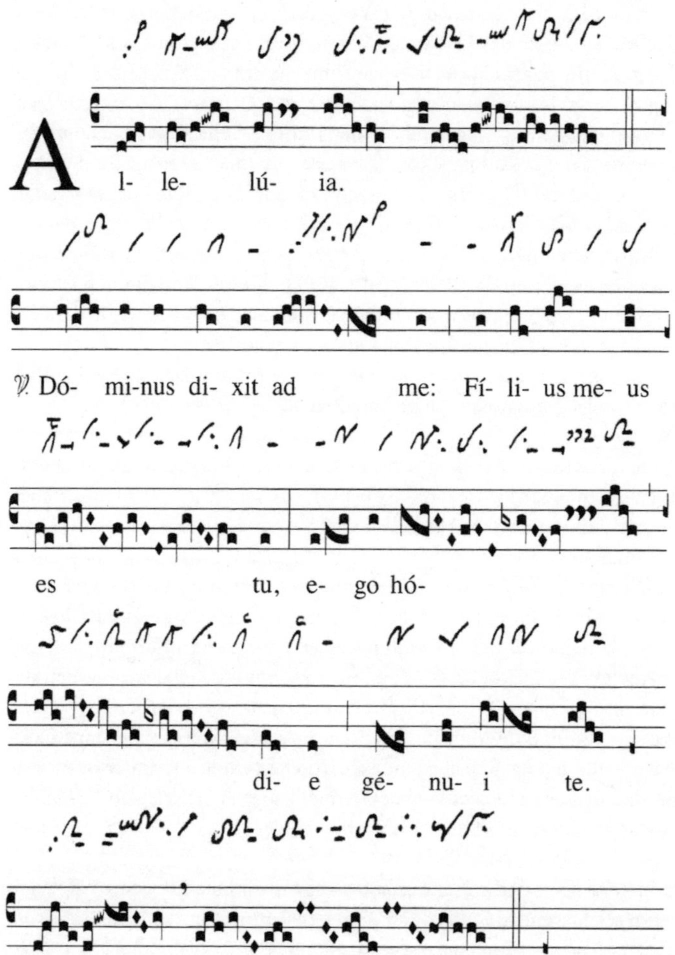

Beispiel 43

In der Quadratnotation sieht der kurrente Pes über *Filius meus* am Ende der zweiten Zeile genauso aus wie der nichtkurrente Pes über *genui te* in der vierten Zeile. Ähnliches gilt von der Clivis, deren kurrente Form über *dixit* und *Filius* in der zweiten sowie über *hodie* in der vierten Zeile genauso aussieht wie die beiden nichtkurrenten Clives und die partiell kurrente Clivis innerhalb des Melismas über *hodie* in der

131 Vgl. Liber Gradualis II, Verona 2010, S. 13.

vierten Zeile. Der partiell kurrente Torculus gegen Ende des Alleluia-Jubilus hat in der Quadratnotation die gleiche Form wie der durchweg kurrente Torculus über *Filius* in der zweiten Zeile und der durchweg nichtkurrente Torculus über *hodie* zu Beginn der vierten Zeile. Der kurrente Climacus über *ad me* in der zweiten Zeile und an zwei Stellen innerhalb des Melismas über *hodie* in der vierten Zeile besitzt in der Quadratnotation die gleiche Form wie der Climacus mit nichtkurrenter Endnote über *hodie* gegen Ende der dritten Zeile und jener mit Dehnung der letzten zwei Noten im Schlussmelisma des Soloverses in der fünften Zeile sowie ebendort der Climacus mit nichtkurrenter Anfangsnote. Eine gewisse Inkonsequenz lässt sich in der Wiedergabe des Pes subbipunctis feststellen: Der durchweg kurrente Pes subbipunctis zu Beginn des Alleluia-Jubilus hat die gleiche Form wie der Pes subbipunctis mit zwei nichtkurrenten Endnoten gegen Ende des Schlussmelismas im Solovers, unterscheidet sich hingegen in der Wiedergabe der Quadratnotation vom ebenfalls durchweg kurrenten Pes subbipunctis innerhalb des Melismas über *hodie* in der dritten Zeile. Schließlich sei auf die beiden Trigonfiguren gegen Ende des Schlussmelismas des Soloverses hingewiesen, die in St. Gallen 359 rhythmisch unterschiedlich gewertet werden, in der Neographie hingegen identisch aussehen.

Wir können zusammenfassen: Die von Alberto Turco ausgebildete Quadratnotation mit einigen Elementen einer Neographie ist weit davon entfernt, alle rhythmischen Informationen der adiastematischen Handschriften wiederzugeben. In der Tat vermag sie nicht einmal die Hälfte der in den adiastematischen Handschriften bezeugten rhythmischen Differenzierungen auszudrücken, von feineren Nuancierungen ganz zu schweigen. Allerdings muss man Alberto Turco redlicherweise zugute halten, dass es ihm primär nicht um die Ausbildung einer umfassend informativen Neographie ging. Auch er ist sich bewusst, dass die von ihm entwickelten Formen der Neographie nur zum geringen Teil rhythmische Informationen wiederzugeben vermögen und dass es für eine rhythmisch fundierte Interpretation der Gesänge in erster Linie der Konsultation der ältesten handschriftlichen Überlieferung bedarf. Aus diesem Grund sind den Gesängen des Liber Gradualis grundsätzlich – so vorhanden – die Neumen der Notationsfamilie von St. Gallen beigegeben.

Auf der anderen Seite sei aber die Frage erlaubt, was mit einigen Elementen der Neographie gewonnen ist, wenn sie nur einen geringen Teil der in den Handschriften bezeugten rhythmischen Differenzierungen wiedergeben? In Anbetracht ihres sehr lückenhalten Informationswertes ist – im Gegenteil – die Gefahr sehr groß, dass sich die Sänger inklusive Schola- bzw. Chorleiter vor allem auf die Quadratnotation mit ihren Elementen der Neographie konzentrieren und sich weitgehend vom Studium und Lesen der adiastematischen Neumen dispensiert fühlen, was zwangsläufig zu einer defizitären Interpretation führen muss.

Hier könnte man vielleicht einwenden: Nicht alle Schola- bzw. Chorsänger können Neumen lesen. Kurze Antwort darauf: Aber ist ihnen wirklich geholfen, wenn sie mit Hilfe von Neographien nicht einmal die Hälfte aller rhythmischen Detailinformationen erhalten?! Es ist vielleicht auch nicht unbedingt erforderlich, dass alle Sänger Neumen lesen können. Schon das GT, aber auch das GrN verstehen sich in erster Linie als spezieller Service für den Schola- bzw. Chorleiter. Dieser muss natürlich die Neumen kennen und ihren Interpretationssinn im Gesang umzusetzen wissen. Er muss es verstehen, durch seine Erklärungen und sein Dirigat den Sängerinnen und Sängern, egal ob sie Neumen lesen können oder nicht, jenen Gesangsstil nahezubringen, der bestmöglich den detaillierten Vortragshinweisen der alten Handschriften und den Gegebenheiten und Erfordernissen des jeweiligen liturgischen Kontextes entspricht.

Nicht unerwähnt bleiben soll, dass die Quadratnotation der Editio Vaticana gegenüber diversen Versuchen einer Neographie einen Vorzug ästhetischer Natur aufweist: Ihr Notenbild ist schöner, harmonischer, kalligraphisch ausgewogener. Demgegenüber erscheinen die meisten Versuche mit Neographien um einiges unorganischer. Ihre Elemente fügen sich unter ästhetischem Aspekt weniger gut in das Gesamtbild der Notation ein.

Alle hier geäußerten Vorbehalte gegenüber der von Alberto Turco verwendeten Neographie gelten – mutatis mutandis – auch für andere diesbezüglichen Versuche, auch für jene, die mit einem umfangreicheren Angebot an Neographien aufwarten. Der Ertrag für eine fundierte Interpretation bleibt auch hier äußerst lückenhaft. Doch verdient unter diesem Gesichtspunkt ein Versuch besonders herausgehoben und gewürdigt zu werden: die von Geert Maessen entwickelte *Fluxus-Notation*. Diesem holländischen Gregorianikforscher ist es tatsächlich gelungen, alle rhythmischen Detailinformationen der alten Handschriften – er bezieht sich dabei ausschließlich auf die Notationsfamilie von St. Gallen – in seiner Neographie wiederzugeben.[132] Das ist auf den ersten Blick sehr beeindruckend. Als Beispiel bietet sich das Graduale „Haec dies“ des Ostersonntags in Gegenüberstellung zweier Versionen, der Fluxus-Notation[133] und der Notation des GrN[134], an (siehe Beispiele 44a und 44b auf den nachstehenden Seiten):

132 Geert Maessen, *Scores for tenth-century Chant*, Amsterdam 2011.
133 Ebd., S. 17.
134 GrN I, S. 166.

GR
II

Haec di- es quam fecit

Dómi-nus: exsul-té-

mus, et lae-té- mur in

e- a.

V.1 Confi-témini Dó- mi- no,

quó- niam bo-

nus: quó-ni-am in saé- cu-lum

mise- ri-cór- di-a e-

ius.

Beispiel 44a: in Fluxus-Notation

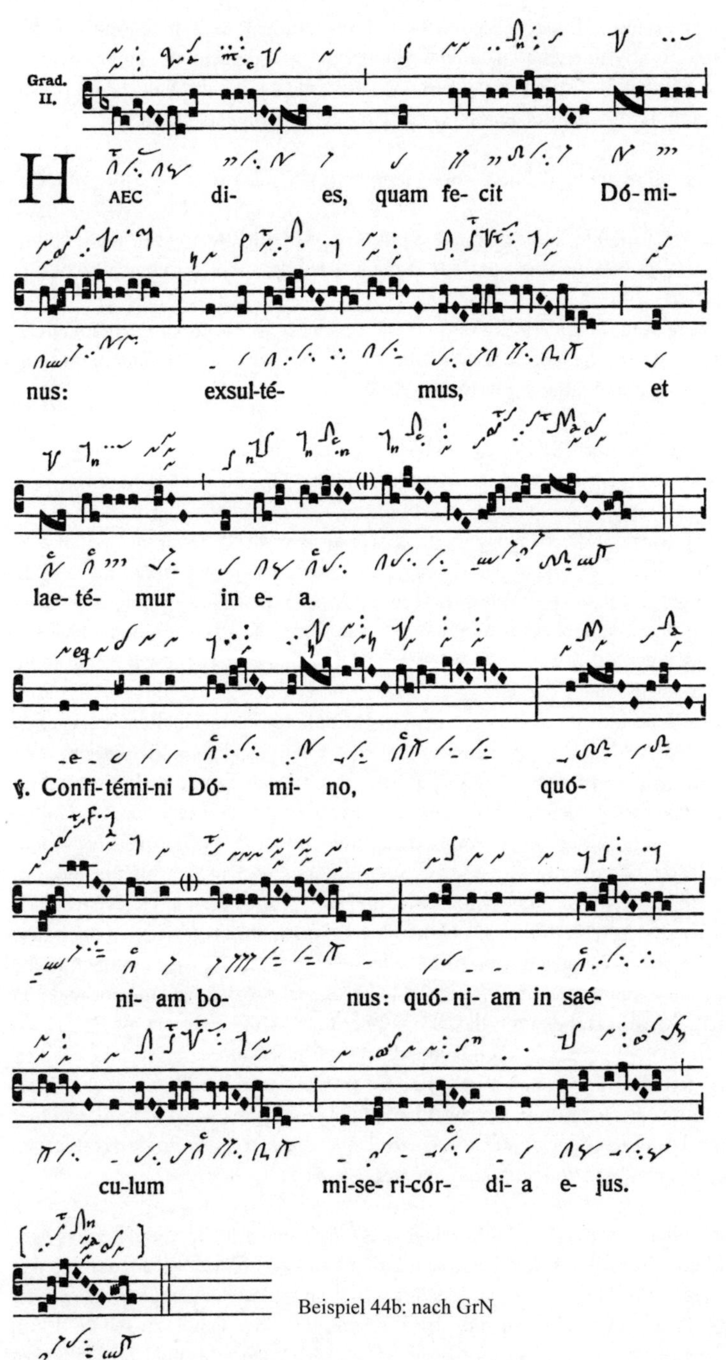

Beispiel 44b: nach GrN

Im Folgenden sei auf einige wenige Stellen dieses Graduale Bezug genommen, um zu zeigen, dass rhythmische Differenzierungen ein und derselben Neume, wie sie im Codex 359 von St. Gallen (Cantatorium) vorgegeben sind, durchaus auch in der Fluxus-Notation mit entsprechenden Graphien wiedergegeben werden:

Pes: kurrent: *quam fecit*; nichtkurrent: *et laetemur*; partiell kurrent: *exsultemus*; Pes quassus: *Haec dies*;
Clivis: kurrent (mit oder ohne c): *in ea*; *quoniam bonus*; nichtkurrent (mit oder ohne t): *Haec dies*; *quoniam bonus*; partiell kurrent: *saeculum* (vor durchweg nichtkurrenter Clivis);
Climacus: kurrent: *quam fecit*; nichtkurrent: *quoniam bonus* (2mal nacheinander); partiell kurrent: *exsultemus* (mit Dehnung der 1. Note); *Confitemini Domino* (2mal nacheinander mit Dehnung der 3. Note);

Pes subbipunctis: kurrent: *in ea* (2mal); partiell kurrent: *Confitemini Domino* (mit Dehnung der 1. und 4. Note); *laetemur* (mit Dehnung der 1., 2. und 4. Note).

Zweifellos entspricht die Fluxus-Notation, wie an den hier genannten Stellen eindrucksvoll zu sehen ist, einem perfekt ausgeklügelten System. Darüber hinaus finde ich sie kalligraphisch ansprechend. Der Fluss, mit dem die Notenformen ausgeführt sind, macht dem Namen „Fluxus-Notation“ alle Ehre und lädt zu einem schönen, zielstrebigen Legato-Vortrag ein. Dennoch haftet auch dieser Form von Neographie ein Mangel an: Es fehlt der Bezug zu Laon 239. Grundlage für die Ausformung der Fluxus-Notation, der keine Neumen aus mittelalterlichen Quellen beigegeben sind, ist ausschließlich die Neumennotation der Schreibfamilie von St. Gallen. Dies aber ist einseitig und unvollständig. Für eine rhythmisch fundierte Interpretation bedarf es des vergleichenden Studiums und synoptischen Lesens von St. Gallen *und* Laon. Zwar stimmen beide Notationsfamilien zum allergrößten Teil bis hinein in die kleinsten Details rhythmischer Gestaltung überein. Darüber hinaus aber beleuchten und ergänzen sie sich gegenseitig, und manchmal korrigieren sie sich auch gegenseitig. Beide Schreibfamilien haben ihre Stärken, aber beide haben auch ihre systembedingten Schwächen. Und nicht selten tritt der Fall ein, dass eine Schwäche oder Ungenauigkeit der einen Seite auf eine besonders präzise Angabe der anderen Seite trifft. So ist z.B. bekannt, dass Laon über mehr Möglichkeiten als St. Gallen verfügt, Einzeltonneumen je nach Kontext rhythmisch differenzierter darzustellen. Auch bei den Pressus-Graphien lässt uns St. Gallen oft im Unklaren über die genaue rhythmische Bedeutung der zwei bzw. drei Pressusnoten, während Laon hier in der Regel sehr detailgenau und präzise ist. Umgekehrt ist in der Frage der internen Gruppierung von Mehrtonneumen mehr Verlass auf St. Gallen.

An zwei Stellen aus dem Graduale „Haec dies“ lässt sich mühelos zeigen, dass Fehler der Fluxus-Notation durch die Konsultation von Laon hätten vermieden werden können. Der erste Fall findet sich gleich zu Beginn des Melismas über *quam fecit Dominus*. In St. Gallen 359 ist hier die kurrente Form der Clivis zu sehen, der in Laon eine nichtkurrente Clivis entspricht. Dass hier Laon und nicht St. Gallen zu folgen ist, beweist nicht zuletzt die Tatsache, dass die Clivis unmittelbar vor einem Quilisma steht. In dieser Position ist die Clivis, wie jeder kundige Semiologe weiß, grundsätzlich nichtkurrent. Als zusätzliche Bestätigung könnten weitere Fälle dieser mehrmals in Gradualien des V. (und II.) Modus auftretenden Formel, wie z. B. im Graduale „Christus factus est" über *dedit illi nomen* (s. GrN I, S. 109, 2), angeführt werden, wo auch St. Gallen 359 in Übereinstimmung mit Laon 239 eine nichtkurrente Clivis notiert. Der zweite Fall findet sich innerhalb des Melismas über *exsultemus* unmittelbar vor dem Climacus am Ende der Silbe, wo St. Gallen eine kurrente, Laon hingegen eine nichtkurrente Clivis notiert. Dass auch hier wieder Laon und nicht St. Gallen zu folgen ist, beweist der Blick sowohl auf die Parallelstelle über *saeculum* im Solovers desselben Stückes als auch auf Parallelstellen in anderen Gradualien des II. Modus wie z. B. im Graduale „Tecum principium" über *luciferum* (s. GrN I, S. 21, 3), wo sich auch in St. Gallen 359 – und wieder in Übereinstimmung mit Laon – die nichtkurrente Clivis findet. In beiden genannten Fällen des Graduale „Haec dies" des Ostersonntags haben wir es folglich (aus unserer Sicht) mit einem Mangel an rhythmischer Präzisierung der Handschrift St. Gallen 359 zu tun, für den entweder eine gewisse Unachtsamkeit des Neumenschreibers verantwortlich ist oder die Tatsache, dass der Neumenschreiber bei häufig vorkommenden Formeln die korrekte rhythmische Ausführung als bekannt bzw. selbstverständlich voraussetzte und deshalb hin und wieder (aus seiner Sicht) auf eine nähere rhythmische Präzisierung verzichten konnte. In der Fluxus-Notation aber, die ja den Sängern die jeweilige Konsultation der adiastematischen Quellen ersparen will, sind beide Stellen fehlerhaft wiedergegeben, da ihr Autor hier der „fehlerhaften" Version von St. Gallen gefolgt ist. Entsprechend fehlerhaft wird dann auch die gesangliche Umsetzung sein.

Es ist vor allem die mangelhafte Berücksichtigung des Codex 239 von Laon in der Fluxus-Notation, warum ich nach wie vor dem Notenbild der Editio Vaticana zusammen mit den Neumennotationen von St. Gallen und Laon den Vorrang einräume. Die Objektivität der Quadratnotation der Vaticana, die nicht zu viel verspricht und deshalb auch nicht enttäuscht, gibt mir immerhin die Möglichkeit, die beiden Neumennotationen von St. Gallen und Laon in Beziehung zueinander zu setzen, sie synoptisch zu lesen und auszulegen. Das kann keine Neographie (für sich genommen) leisten, die sich in der Anwendung ihrer Notenformen zwangsläufig zwischen einer der beiden Schreibfamilien entscheiden muss. Meines Erachtens können Neographien nicht halten, was sie versprechen, auch nicht die vielleicht beste unter ihnen: die Fluxus-Notation.

VII. EINHEIT IN DER VIELFALT – GRUNDLAGEN DER INTERPRETATION DES GREGORIANISCHEN CHORALS[135]

In den vorangegangenen Ausführungen ist bereits mehrmals angeklungen, dass mit der Veröffentlichung des *Graduale Novum* all jenen Gregorianikfachleuten, Chorleitern und Chorsängern inklusive Solisten ein Dienst erwiesen werden sollte, denen an einer semiologisch orientierten Interpretation der gregorianischen Gesänge gelegen ist. Die Devise lautete: Zu den Neumennotationen der maßgeblichen adiastematischen Handschriften soll eine mit diesen bestmöglich korrespondierende Melodiefassung gefunden und zugänglich gemacht werden. Dieses Ziel weitgehend erreicht zu haben, nehmen die Herausgeber des GrN für sich in Anspruch. Umgekehrt erscheint nun auf der Basis der restituierten Melodien das Postulat einer Interpretation, die sich ganz besonders an den Neumen der ältesten Handschriften orientiert, d. h. vor allem einer rhythmisch differenzierten Ausführung der Gesänge, umso dringlicher. Aus diesem Grund kann ein Kommentar zum GrN, sosehr er sich auch naturgemäß überwiegend mit Fragen der Melodierestitution zu befassen hatte, doch nicht bei diesen stehen bleiben. Vielmehr sollen in einem letzten Kapitel dem Benutzer des GrN grundsätzliche Überlegungen zu Fragen der Interpretation der gregorianischen Gesänge an die Hand gegeben werden.

VII.1 VORÜBERLEGUNGEN ZUM THEMA „EINHEIT IN DER VIELFALT“

Alle, denen daran gelegen ist, die gregorianischen Gesänge unter dem Blickwinkel der Semiologie zu studieren und zu interpretieren, sind sich darüber einig, dass Gregorianischer Choral nur dann in rechter Weise zum Leben erweckt werden kann, wenn man alles daran setzt, sich der Intention der Schöpfer dieser Gesänge so weit wie möglich anzunähern, wenn man mit Eifer zu ergründen sucht, wie sie, die Komponisten, die zu vertonenden Texte verstanden haben und welche Mittel sie anwandten, die in diesen Texten enthaltene Botschaft in eine adäquate musikalische Form zu gießen. Der Weg zu dieser Erkenntnis führt vor allem über das Studium der ältesten Neumenhandschriften. Sie sind es in der Tat, die uns die Sicht derer, die dem Ursprung des gregorianischen Repertoires zeitlich sehr nahe stehen, am zuverlässigsten übermitteln. Genau darin bestehen Aufgabe und Bedeutung der *Gregorianischen Semiologie*. Sie vermag uns an den Ursprung oder zumindest an einen Zeitabschnitt in der Entstehungsgeschichte des Gregorianischen Chorals, der

135 Verkürzte und in Teilen überarbeitete Fassung meines Eröffnungsvortrags des 9. Internationalen Kongresses der AISCGre vom 30. Mai bis 4. Juni 2011 in Poznan/Polen. Vollständig ist dieser Vortrag veröffentlicht in: BzG 51, S. 57–73.

dem Ursprung sehr nahe kommt, zurückzuführen, indem sie zwischen dem zu vertonenden liturgischen Text und seiner Klangwerdung im Gesang vermittelt.

Wenn hier in Fragen der Interpretation des Gregorianischen Chorals von Vielfalt die Rede ist, ist damit keineswegs das defizitäre Ergebnis einer nicht zustande gekommenen Einheit gemeint, sondern etwas, was als individuelle Ausprägung eines ganz bestimmten Personalstils, als Ausdruck von Vitalität, Spontaneität sowie künstlerischer Intuition und Freiheit zu begrüßen ist. Vielfalt ist in diesem Zusammenhang etwas durchaus Wünschenswertes und Erstrebenswertes. Wir sind uns bewusst, dass bei ein und demselben Gesangsstück keine Interpretation der anderen gleicht, nicht einmal, wenn es sich um denselben Interpreten handelt. Eine ganz bestimmte Art zu interpretieren schlichtweg zu kopieren, stellt kein Ideal dar. Im Gegenteil: gerade in der religiösen und liturgischen Musik sind wir uns bewusst, was und wie viel die Inspiration des Augenblicks vermag und wie dadurch eine Interpretation ihr einmaliges und unverwechselbares Gesicht erhält. Darüber hinaus sind wir uns bewusst, dass die Interpretation wesentlich auch durch die nationale Herkunft und den kulturellen Hintergrund der Interpreten geprägt sein wird. Auch das ist zu begrüßen. Dass auf Anhieb hörbar wird, ob die Interpreten aus Polen oder aus Spanien kommen, ist kein Nachteil. Im Gegenteil: gewisse national bedingte Unterschiede in der Interpretation führen uns die Verwurzelung des Gregorianischen Chorals in unterschiedlichen Ländern und Kulturen und damit seine Universalität erst so richtig und plastisch vor Augen. Solche national bedingten Unterschiede mit wachem Ohr wahrzunehmen, ermöglicht darüber hinaus einen heilsamen selbstkritischen Blick auf die eigene Interpretation und bietet die Chance, voneinander zu lernen und gegebenenfalls sich einander anzunähern.

Einheit *und* Vielfalt – beide Aspekte postulieren wir gerade auch für eine semiologisch orientierte Interpretation gregorianischer Gesänge. Beide Aspekte gehören zusammen. So wie sich gemeinsame Grundüberzeugungen auf ganz natürliche Weise in einer Vielfalt individueller Ausprägungen manifestieren, so ist von diesen zu fordern, dass sie sich letztlich auf eine gemeinsame Basis zurückführen lassen. Semiologisch orientierte Interpretationen gregorianischer Gesänge leben vom fruchtbaren Austausch gemeinsamer Grundüberzeugungen und freier Entfaltung von Individualität. Und doch wäre es unrealistisch, in dieser Dualität und dem daraus resultierenden Spannungsverhältnis nicht auch den Grund für gewisse Irritationen, ja sogar für ernst zu nehmende Gefahren und gravierende Fehlhaltungen zu sehen.

Wenn mich meine Wahrnehmung der gegenwärtigen Situation nicht trügt, glaube ich feststellen zu können, dass wir uns bei dem Spannungsverhältnis zwischen Einheit und Vielfalt semiologisch orientierter Interpretationen nicht allzu viele Gedanken um die Vielfalt machen müssen. Diese ist u. a. durch die zahlreichen Aufnahmen gregorianischer Gesänge, die heute im Umlauf sind, bestens belegt. Ja, sie stellt sich eigentlich ganz von selbst ein, wenn an der Freiheit des Rhythmus als einem unveräußerlichen Kennzeichen semiologischer Interpretation festgehalten wird. Größere Sorgen müssen wir uns ohne Zweifel um die Einheit machen, die bei individueller

Auslegung der als wesentlich erkannten Freiheit des Rhythmus stets auf dem Prüfstand steht. Die Frage, die sich hier stellt, ist eine zweifache: *Wie viel Vielfalt darf sein, ohne die Einheit zu gefährden? Und worin besteht denn nun die gemeinsame, für alle verbindliche, von niemandem in Zweifel gezogene oder hinterfragte Basis, die die Einheit (in der Vielfalt) begründet?* Dies sind Fragen, denen sich der verantwortungsvolle Interpret immer wieder erneut stellen muss, heute wie morgen, nicht zuletzt um die eine oder andere Antwort für die eigene Standortbestimmung zu finden.

Im Rahmen dieser Ausführungen kann es nicht um eine Erörterung irgendwelcher semiologischer Detailphänomene und schon gar nicht um eine Erörterung einzelner Neumen gehen. Dies wäre in anderem Kontext zwar auch sinnvoll und wichtig, denn eine fundierte Interpretation kann es nicht geben ohne genaue Beachtung *aller* semiologischen Daten, allen voran jener, die eine semiologisch orientierte Interpretation in besonderer Weise charakterisieren und sie von anderen Interpretationskonzepten unterscheiden. Hier möchte ich mich hingegen auf drei neuralgische Punkte beschränken, deren Klärung und Erörterung mir gerade in der heutigen Zeit besonders dringlich erscheinen. Der erste dieser drei Punkte betrifft das Wort-Ton-Verhältnis im Gregorianischen Choral, genauer: den *Text* als die Basis schlechthin sowohl für die Komposition als auch für die Interpretation. Der zweite Punkt setzt sich mit der Frage des *Rhythmus* auseinander, genauer: mit der Frage, in welchem Verhältnis die durch die Semiologie ermittelten unterschiedlichen Notenwerte zueinander stehen. Der dritte zu behandelnde Punkt ist eng mit den ersten beiden verknüpft. Hier geht es um die Frage des *Gesangsstils*. Konkret ist in diesem letzten der drei Punkte zu fragen: Welches ist der Gesangsstil, der am besten korrespondiert sowohl mit den Vorgaben des semiologischen Befundes als auch mit der gesanglichen Ausführung im Kontext der Liturgie? Es versteht sich fast von selbst, dass hier auch auf die Frage des Tempos bzw. der Relationen unterschiedlicher Tempi in ein und demselben Gesang einzugehen ist.

Es besteht kein Zweifel: alle drei genannten Gesichtspunkte – Text, Rhythmus und Gesangsstil – bilden letztlich eine Einheit und bedingen sich gegenseitig. Dennoch erscheint es sinnvoll, sie als drei unterschiedliche Aspekte ein und derselben Realität gesondert darzustellen und zu erörtern.

VII.2 DER TEXT ALS „URQUELLE" DER KOMPOSITION UND INTERPRETATION

Gregorianischer Choral ist „gesungenes Wort". Dies sind Worte, die in den Schriften von Dom Eugène Cardine ständig wiederkehren und mit denen er sich immer und immer wieder an uns, seine Schüler, gewandt hat, um uns das tiefste Wesen des Gregorianischen Chorals zu erschließen. Sie klingen wie eine Kurzdefinition, die das Verhältnis zwischen Wort und Ton, zwischen Text und Melodie klar festlegt. Der Primat gebührt eindeutig dem Wort. Es gibt im Gregorianischen Choral keine vom Text losgelöste Eigengesetzlichkeit der Melodie. Immer steht hier zu aller Anfang und an aller Ende das Wort. Es ist das Wort, das die Melodie gebiert und in dessen ausschließlichem Dienst die Melodie steht. Anders herum ausgedrückt: Die Melodie ist der Klangleib, in den hinein das Wort sich inkarniert, der Resonanzkörper, in dem das Wort zum Schwingen kommt.

Diese enge wesenhafte Bezogenheit auf den Text, die den Komponisten in allen Phasen des Entstehungsprozesses eines Gesangsstückes determinierte, fordern wir auch vom Interpreten. Auch der Interpret muss in der analytischen und künstlerischen Erarbeitung eines Stückes sowie in dessen gesanglicher Verwirklichung zuallererst vom Text ausgehen und auf den Text eingehen. Er muss sich bewusst sein, dass er letztlich seine künstlerische Inspiration und Intuition dem zugrunde liegenden Text verdankt. Und er sollte stets die Größe der Verantwortung vor Augen haben, dafür ausersehen zu sein, der in den Gesangstexten enthaltenen Botschaft seine Stimme zu leihen.

Das hier beschworene Primat des Textes über die Melodie leuchtet naturgemäß am unmittelbarsten dort ein, wo es sich um *syllabische Vertonungen* eines gegebenen Textes handelt, wie z. B. in folgender Offiziumsantiphon[136]:

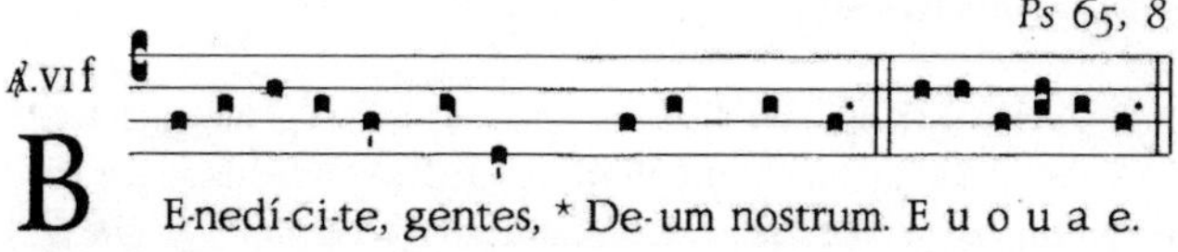

Beispiel 45

Die äußerst schlichte, rein syllabische Vertonung darf nicht darüber hinwegtäuschen, dass eine klare Hierarchie der Töne bzw. der ihnen entsprechenden Textsilben vorliegt. Der Komponist bzw. Adaptator ist sich des unterschiedlichen Gewichtes und der unterschiedlichen Funktion der Silben im Textganzen bewusst, und er reagiert darauf in angemessener Weise, indem er sämtliche Akzenttöne etwas anhebt und zudem den letzten Akzent bei *nóstrum* durch eine melodische Antizipation vorbereitet. Aber er belässt es nicht bei einer simplen rhythmischen Verkettung der insgesamt vier Akzenttöne, sondern geht sehr viel differenzierter mit dem Text um, was aus dem Verlauf der Melodie klar hervorgeht. Da ist vor allem der Quartsprung zum tiefen *re* bei *gentes* zu nennen, der unmissverständlich zu erkennen gibt, dass mit dieser Note ein für den Rhythmus wichtiger Punkt erreicht wird. Aber dieser tiefe Ton hat eine andere rhythmische Qualität als die vier Akzenttöne. Besteht die Aufgabe dieser letzteren darin, Spannung aufzubauen bzw. die Spannung der rhyth-

136 Die Antiphon ist dem *Psalterium* Monasticum, Solesmes 1981, S. 147, entnommen. Sie findet sich nicht im Codex Hartker (SG 390/391), wohl aber in anderen Offiziumshandschriften des Mittelalters. Sie verwendet eine Typusmelodie, die auf mehrere Texte adaptiert wurde.

mischen Bewegung bis zum Schluss am Leben zu erhalten, so tritt mit dem Abstieg zum tiefen *re* eine deutliche, wenn auch nur vorübergehende Entspannung ein. Spannung und Entspannung, das sind die wesentlichen Komponenten des Rhythmus. Jede rhythmische Bewegung in der Musik, so auch im Gregorianischen Choral, lebt von diesem Wechselspiel, diesem lebendigen Austausch zwischen Spannung und Entspannung.

Für beide Pole, den Pol der Spannung und jenen der Entspannung, verwenden wir in heutiger Fachterminologie gerne den Begriff *„Artikulation"*. Artikulationen sind Punkte innerhalb des textmelodischen Verlaufs eines Gesangs, auf die sich der Rhythmus stützt, in denen sich die rhythmische Bewegung verdichtet. Im syllabischen Vertonungsstil entspricht der Spannungspol entweder einer Art *Anfangsartikulation*, wenn es sich um eine Initialspannung, d. h. einen wichtigen Akzent gleich zu Beginn eines Stückes oder eines Abschnittes desselben handelt, oder einem rhythmischen *Drehpunkt*, wenn die rhythmische Bewegung von einem wichtigen Akzent angezogen wird, in ihm sich sammelt und verdichtet und an den nachfolgenden Kontext weitergegeben wird. Der Entspannungspol hingegen entspricht im syllabischen Vertonungsstil einer rhythmischen *Distinktion*, die eine Bewegung – wenn auch nur vorübergehend – zu Ende führt, abrundet und gegenüber der folgenden textmelodischen Einheit abgrenzt, ohne gegebenenfalls die Verbindung mit dem Folgenden außer Acht zu lassen.

Für die Interpretation von syllabischen Gesängen ist neben einer angemessenen Ausführung der Akzentartikulationen – im Sinne von Anfangsartikulationen bzw. rhythmischen Drehpunkten – gerade auch die Beachtung der Distinktionen, die dort immer mit Endsilben und folglich mit *Wortartikulationen* zusammenfallen, von allergrößter Bedeutung. Denn die mit der Wortartikulation verbundene abschließende und entspannende rhythmische Distinktion vermag dem betreffenden Wort jene relative Autonomie zu sichern, die es gegenüber dem folgenden Wort (bzw. Textteil) in rechter Weise abgrenzt. Der für den Gregorianischen Choral so typische *Wort-Melodie-Stil* (stile melodico verbale), der wichtigen Wörtern bzw. Textteilen besagte relative Autonomie zuerkennt, kann nur dann zustande kommen, wenn den Wortartikulationen und den ihnen entsprechenden rhythmischen Distinktionen die ihnen gebührende Beachtung geschenkt wird.

Ohne Zweifel liegt in unserem Beispiel bei der Wortartikulation von *gentes*, d. h. bei der Note *re* auf der Endsilbe, ein klarer Fall von rhythmischer Distinktion vor, deren Aufgabe darin besteht, die inhaltliche Zweiteilung der Antiphon (Benedicite, gentes – Deum nostrum) klar zu markieren. Unser Beispiel zeigt aber auch, dass nicht alle Wortartikulationen innerhalb ein und desselben Gesangs von gleicher Bedeutung sind. So ist die Wortartikulation auf der Endsilbe des ersten Wortes *Benedicite* zwar auch im Sinne einer Distinktion auszuführen, aber deren abschließende und entspannende Wirkung ist vergleichsweise schwächer, liegt sie doch im unmittelbaren Anziehungsfeld des folgenden wichtigen Akzentes von *géntes*, auf den die rhythmische Bewegung eindeutig hinstrebt. Schließlich ist die Wortartikulation auf der

Endsilbe von *Deum* nahezu zu vernachlässigen, da beide Wörter *Deum nostrum* als Begriffseinheit zu verstehen und behandeln sind. Daran kann man sehen, dass nicht jedes Wortende automatisch als Ort einer rhythmischen Distinktion zu betrachten und auszuführen ist. Gelegentlich lassen sich auch in den alten Handschriften Hinweise finden, die geeignet sind, der Gefahr eines solchen Automatismus entgegenzuwirken. So im zweiten Teil der folgenden Antiphon[137]:

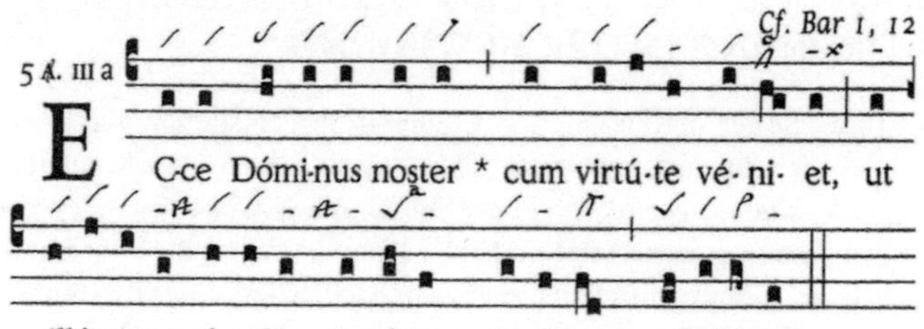

Beispiel 46

Eine klare Wortartikulation in der Funktion einer entspannenden Distinktion – wenn auch mit weiterweisender Wirkung – findet sich auf der Endsilbe von *noster* im ersten Teil der Antiphon, worauf nicht zuletzt auch das Episem im Codex Hartker hinweist. Im zweiten Teil der Antiphon scheint der Schreiber dieses Codex durch Hinzufügung eines zweimaligen *st* (statim = sogleich) jegliche nur erdenkliche Art von Distinktion an den Wortenden von *illuminet* und *oculos* von vornherein ausschließen zu wollen, um auf diese Weise eine Unterbrechung des Sinnzusammenhangs zu verhindern. In der Tat, die drei Textglieder *ut illuminet – oculos – servorum tuorum* sind inhaltlich unzertrennbar aufeinander bezogen.

Als Fazit der beiden zuletzt erörterten Beispiele syllabischer Offiziumsantiphonen können wir festhalten, dass es zu allererst und letztendlich der Text ist, der sowohl über die Art und Weise der Vertonung der Antiphon als auch über deren Interpretation in der gesanglichen Ausführung entscheidet. Die rechte Deklamation eines gegebenen Textes in seinem jeweiligen liturgischen Kontext ist der eigentliche Maßstab der Komposition bzw. Adaptation, aber auch Maßstab und höchste Instanz der Interpretation. Mit anderen Worten: Was im Text schon angelegt ist, gewinnt durch die Komposition bzw. Adaptation Gestalt und wird in der Interpretation zu Klang. Noch einfacher ausgedrückt: So wie ich den Text sinngerecht deklamiere, so singe ich ihn.

Die aus semiologischer Sicht geforderte Freiheit des Rhythmus im Gregorianischen Choral hat wesentlich mit diesen von der Textdeklamation gesetzten Maßstäben für

137 Diese Antiphon aus der Vesper des 2. Adventsonntags wurde dem Antiphonale Monasticum I, Solesmes 2005, S. 17 entnommen und mit den Neumen des Codex Hartker (SG 390/391), S. 24, Zeile 8 versehen. Auf die Divisio minima nach *Dominus noster* könnte man gut verzichten, da die Ermöglichung einer auf diese Weise angezeigten Atempause dem Sinn der Wortartikulation von *noster* nicht ganz gerecht wird.

Komposition und Interpretation zu tun. So wie es bei der Deklamation eines lateinischen Prosatextes kein festes Zeitschema im Verhältnis zwischen längeren und kürzeren Silben gibt, so auch nicht im Gesang im Verhältnis zwischen längeren und kürzeren Noten.

VII.3 DER RHYTHMUS ALS „SEELE“ DES GESANGS UND „ORDNUNG IN DER BEWEGUNG“

Der Rhythmus ist die „Seele“ des Gesangs. Auch dieser Spruch stammt von Dom Cardine. In seiner nicht sehr umfangreichen, aber wichtigen weil grundlegenden Schrift *Primo anno di canto gregoriano* steht der Satz: „Se le sillabe e i suoni costituiscono la materia del canto gregoriano, il ritmo ne è l'anima“ (Wenn die Silben und die Töne die Materie des Gregorianischen Gesangs darstellen, so ist der Rhythmus seine Seele). In unmittelbarer Fortsetzung ergänzt Dom Cardine diesen Gedanken durch eine weitere wichtige Aussage: „Il ritmo … assicura *la sintesi* degli elementi nei quali si concretizza. Ha dunque un *compito essenzialmente unificatore*“[138] (Der Rhythmus ... sichert *die Synthese* der Elemente, in denen er Gestalt annimmt. Er hat also eine *wesentlich einende Aufgabe*). Der Rhythmus als Garant für die Synthese der Elemente und in Einheit stiftender Funktion, dieser Gedanke deckt sich genau mit jener klassischen Kurzdefinition: „rhythmus est ordo motus“ (Der Rhythmus ist Ordnung in der Bewegung).

Es ist also der Rhythmus, der dem Gesang die Seele einhaucht und ihn so zum Leben erweckt. Und es ist der Rhythmus, der dieses Leben in geordnete Bahnen lenkt. Wenn wir uns sodann fragen, welches die Faktoren sind, derer der Rhythmus sich bedient, um diese seine belebende und Ordnung stiftende Funktion auszuüben, werden wir wieder auf das Phänomen der rhythmischen Artikulation verwiesen. Es sind die rhythmischen Artikulationspunkte, sei es als Anfangsartikulation, sei es als rhythmischer Drehpunkt oder als Distinktion, die den Gesang beleben und am Leben erhalten sowie ihn strukturieren, die für Spannung, aber gegebenenfalls auch für die nötige Entspannung sorgen, bevor der rhythmische Bewegungsablauf auf einen neuen Spannungspol zustrebt.

All dies konnten wir bereits an zwei Beispielen syllabischer Gesänge verifizieren. Obwohl dort in erster Linie von der textlichen Grundlage der Gesänge die Rede war, wurde bei der Bewertung einzelner Silben und der ihnen entsprechenden Einzeltöne sowie in Wahrnehmung der Hierarchie der Silben bzw. ihrer Töne wie von selbst auch die Frage des Rhythmus ins Spiel gebracht. Die dort gewonnenen Erkenntnisse sollen nun im Folgenden zunächst mit Gesängen des oligotonischen und im Anschluss daran mit Gesängen des melismatischen Vertonungsstils konfrontiert werden.

---

138 Eugène Cardine, *Primo anno di canto gregoriano*, Pontificio Istituto di Musica Sacra, Rom 1970, S. 30f.

VII.3.1 Der Rhythmus im oligotonischen Vertonungsstil

In der genannten Schrift Dom Cardines *Primo anno di canto gregoriano* findet sich das folgende Beispiel: die Introitusantiphon „Da pacem Domine".[139] Es sei hier vollständig und unverändert wiedergegeben:

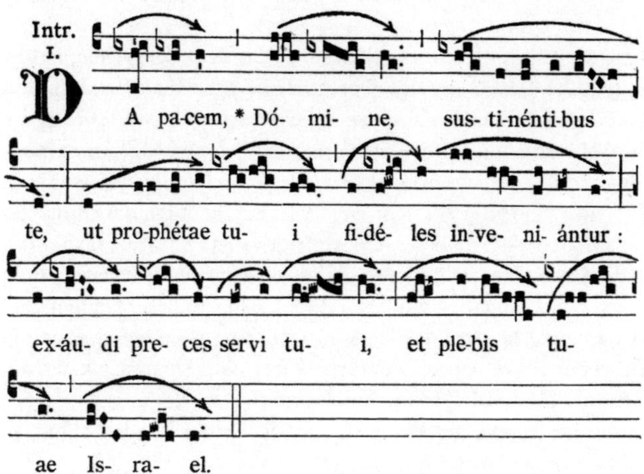

Beispiel 47

Die Bögen, die Dom Cardine über den Quadratnoten angebracht hat, sollen die einzelnen rhythmischen Einheiten darstellen. Dabei lässt sich unschwer feststellen, dass die rhythmischen Einheiten genau den Sinneinheiten des Textes entsprechen, die normalerweise aus einem einzigen Wort, nur gelegentlich aus zwei zusammengehörenden Wörtern bestehen. So lässt sich an diesem Beispiel erneut und mit großer Klarheit ablesen, worauf Gregorianischer Choral – und dies eben auch in den Stücken des oligotonischen Vertonungsstils – letztlich gründet: auf dem inhaltlichen Sinngefüge und den rhetorischen Erfordernissen des Textes. Auch für den oligotonischen Vertonungsstil gilt ohne jeglichen Abstrich: Gregorianischer Choral ist in seinem tiefsten Wesen gesungenes Wort (parola cantata). Das Beispiel ist ein Beweis für eine perfekte Aneignung des Textes von Seiten des Komponisten, der seine Aufgabe im Akt des Komponierens darin erblickte, dem Text in allen Belangen gerecht zu werden.

Gregorianischer Choral als gesungenes Wort – das stellt ebenso eine Aufgabe für den Interpreten dar. In unserem Beispiel bedeutet dies, die Sinneinheiten des Textes und die ihnen entsprechenden rhythmischen Einheiten in ihrer relativen Autonomie wahrzunehmen und in angemessener Weise in Gesang umzusetzen. Das Stichwort heißt auch hier – wie schon bei den syllabischen Gesängen – *Wort-Melodie-Stil.*

139 Ebd., S. 33.

Dementsprechend ist bei jeder textlichen und der ihr entsprechenden rhythmischen Einheit sowohl auf Akzentartikulationen – meist liegt nur eine einzige übergeordnete vor – als auch auf Wortartikulationen auf der Endsilbe eines Wortes sorgsam zu achten. Während es ersteren zukommt, Leben und Spannung zu erzeugen, sind letztere verantwortlich für eine gewisse Entspannung, Beruhigung und – gegebenenfalls – für eine gewisse Abgrenzung gegenüber dem unmittelbar folgenden Kontext.

Eine ganz bestimmte Stelle aus diesem Introitus sei eigens herausgegriffen, um zu zeigen, wie wesentlich die Beachtung des Wort-Melodie-Stils für die Interpretation oligotonischer Gesänge ist und wie dessen Nichtbeachtung zwangsläufig zu interpretatorischem Fehlverhalten führt. Es geht um die Passage *fideles inveniantur*. Im Kontext des gesamten Nebensatzes *ut prophetae tui fideles inveniantur* liegt die inhaltliche Sinnspitze eindeutig auf dem Wort *fideles*. Die durch die Quilisma-Neume dargestellte aufstrebende Tonbewegung verleiht der Akzentsilbe *fidéles* das ihr zustehende rhythmische Gewicht und darüber hinaus eine deutliche Steigerung der Spannungsenergie. Umso mehr ist ein bewusstes Abfangen dieser starken vom Akzent ausgehenden Energie auf der Endsilbe *fideles* und eine gewisse Entspannung auf der ihr entsprechenden Einzelnote erforderlich. Andernfalls kann man kaum der Gefahr entgehen, das zentrale Wort *fideles* in ungebührlicher Weise dem Sog des nachfolgenden, mit einem Doppelton (Bivirga in den St. Galler Handschriften) in exponierter Lage beginnenden Wortes *inveniantur* zu opfern.

In einem persönlichen Gespräch vertraute mir Dom Cardine an, dies sei eine jener Stellen gewesen, die ihm schon bald nach seinem Eintritt ins Kloster die Schwächen der sog. Methode von Solesmes vor Augen führten. Nach diesem Rhythmussystem liegt die Einzelnote *la* auf der Endsilbe von *fideles* zwischen zwei rhythmischen Ikten auf dem *la* von *fidéles* und dem Doppelton *do* von *inveniantur* und ist folglich als rhythmisch schwacher Durchgangston zu behandeln. Zum Glück, so Dom Cardine, habe man sich in Solesmes selbst nicht an diese Regel gehalten, sondern in solchen und ähnlichen Fällen stets dem Text und seinen Erfordernissen den Vorrang eingeräumt, d. h. in unserem Fall auf eine sorgsame Wortartikulation der textlichen Sinnspitze *fideles* geachtet.

Mit dem hier erörterten Phänomen des Wort-Melodie-Stils berühren wir ohne Zweifel eines der Grundprinzipien der Interpretation des Gregorianischen Chorals. Den Nachweis hierfür könnte man mühelos in so gut wie allen oligotonischen Gesängen erbringen. Stellvertretend für viele weitere Beispiele sei lediglich noch ein kurzer Blick auf den Introitus „Rorate caeli“ geworfen, hier mit restituierter Melodie aus dem GrN:[140] (siehe rechts)

140 GrN I, S. 15f.

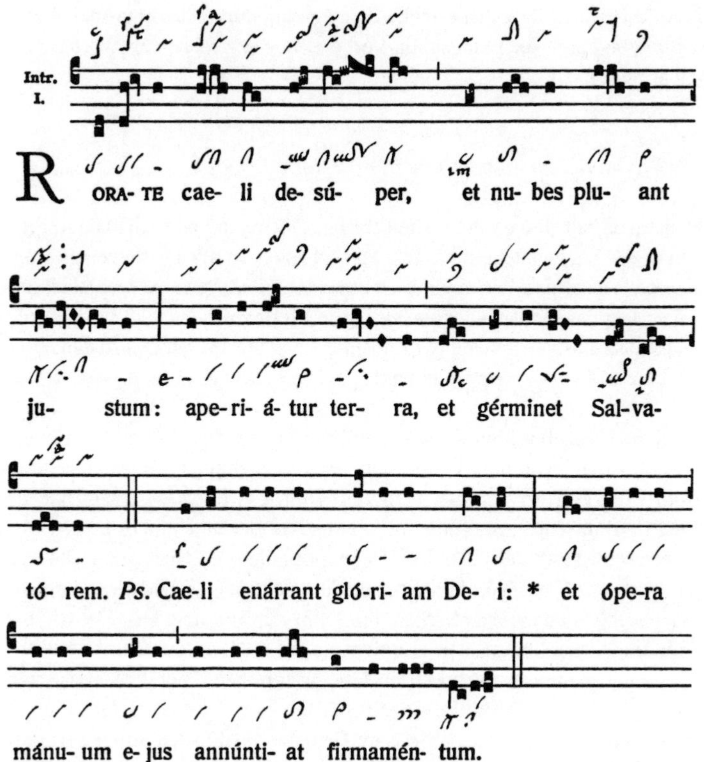

Beispiel 48

Der erste Abschnitt *Rorate caeli desuper* gliedert sich deutlich in drei relativ eigenständige wortmelodische und rhythmische Einheiten, deren Wortartikulation bei *caeli* und *desuper* schon von vornherein durch je eine Clivis gesichert ist, bei *Rorate* hingegen einer besonderen Achtsamkeit bedarf, damit die Einzelnote *la* nicht dem Sog des nachfolgenden Akzentes von *caéli* erliegt. Ähnliches lässt sich im zweiten Abschnitt *et nubes pluant iustum* feststellen. Während bei *pluant* und *iustum* die Liqueszenz bzw. die ausgeprägte Kadenzbildung wie von selbst die nötige Wortartikulation und Abrundung der beiden textmelodischen Einheiten garantieren, ist bei der Einzelnote *la* auf der Endsilbe von *nubes* wieder besondere Vorsicht geboten, sie nicht in ungebührlicher Weise dem Sog des nachfolgenden starken Akzentes von *plúant* zu opfern (was in Anwendung des Rhythmussystems der Methode von Solesmes unwillkürlich der Fall wäre).

Die beiden Abschnitte des zweiten Satzes *aperiatur terra, et germinet Salvatorem* gliedern sich wiederum in je zwei textmelodische und rhythmische Einheiten, deren relative Autonomie klar ausgewiesen ist: bei *terra* und *Salvatorem* durch die Kadenzbildung, bei *aperiatur* durch die Liqueszenz und bei *germinet* durch eine bedeutungsvolle Neume, die gleichermaßen einen markanten Abschluss der Worteinheit *germinet* und eine spannungsvolle Vorbereitung des folgenden Wortes *Salvatorem* gewährleisten soll.

VII.3.2 Der Rhythmus im melismatischen Vertonungsstil

Es versteht sich von selbst, dass der Grund für das Auftreten von Melismen in gregorianischen Gesängen zu allererst im Text zu suchen ist. In der Tat sind es im Normalfall wichtige Wörter des Textes, die sich einer melismatischen Ausschmückung erfreuen, sei es dass das Melisma der nachdrücklichen Hervorhebung der Akzentsilbe dient, sei es dass ein Melisma auf der Endsilbe eines Wortes oder eigenständigen Satzteils zum meditativen Verweilen einlädt.

Aber noch in einem anderen Sinn hat das Melisma mit dem Text zu tun: In ihm findet eine Art nonverbale Kommunikation statt. Was das bedeutet, sei im Folgenden etwas ausführlicher erörtert: Es war wiederum Dom Cardine, der gesagt hat: In Bezug auf die rhythmische Gestaltung gregorianischer Gesänge gibt es keinen wesentlichen Unterschied zwischen den drei Vertonungsstilen. Und dies gilt nach Dom Cardine gerade auch für das Verhältnis der beiden entgegengesetzten Vertonungsstile, des syllabischen und melismatischen. Für Dom Cardine steht fest: Der Rhythmus des Gregorianischen Chorals ist wesentlich ein Wort-Rhythmus (ritmo verbale), und er ist als solcher univok. Wenn es im Gregorianischen Choral so etwas wie ein unteilbares Grundzeitmaß für die einzelnen Töne gibt, dann ist es das Zeitmaß der Silbe eines Wortes. Und dieses unteilbare Grundzeitmaß, auch Silbenwert (valore sillabico) genannt, gilt gleichermaßen für syllabische, oligotonische und nicht zuletzt auch melismatische Gesänge. Daraus folgt: Innerhalb einer Gruppenneume oder eines Melismas verhalten sich die einzelnen Töne zueinander wie in einem syllabischen Gesang die einzelnen Silben bzw. die ihnen entsprechenden Einzeltöne. So wie in den syllabischen Gesängen manche Silben, vor allem Akzentsilben und Endsilben, und die ihnen entsprechenden Töne wichtiger sind als unbetonte Silben bzw. Töne vor dem Akzent oder zwischen Akzent- und Endsilbe, so besteht auch innerhalb einer Gruppenneume oder eines Melismas eine Hierarchie zwischen den Tönen. Da gibt es Töne, die für den Rhythmus besonders wichtig sind, auf die der Rhythmus sich stützt bzw. auf die er zielgerichtet hinstrebt. Das sind je nach Kontext die Orte für *Anfangsartikulationen* bzw. *rhythmische Drehpunkte*, die beide für Schwung, Leben und Spannung sorgen, oder für *rhythmische Distinktionen*, denen die Aufgabe einer gewissen Abrundung, Entspannung und Beruhigung zukommt.

Als Beweis für die Univozität des Rhythmus in allen drei Vertonungsstilen führt Dom Cardine das Zeugnis der ältesten adiastematischen Handschriften an, vor allem das Zeugnis von Laon 239, wo sich Uncinus und Punctum als die charakteristischen Grundzeichen dieser Handschrift in allen Vertonungsstilen finden. Dass die Bedeutung eines Uncinus oder eines Punctum in syllabischen Gesängen eine andere sein soll als in oligotonischen oder melismatischen Gesängen, sei schlichtweg undenkbar. Auch die Existenz bestimmter Textierungstropen wie z. B. im Fall des Offertoriums „Ave Maria", wo eine größtmögliche Übereinstimmung der Struktur des Tropustextes mit der rhythmischen Binnenstruktur der Melismen festzustellen ist, weise in diese Richtung.[141] Ergänzend sei in diesem Zusammenhang auch das von den gregorianischen Komponisten häufig angewandte Synhäresis-Dihäresis-Verfahren angeführt, das im Normalfall eine perfekte rhythmische Kongruenz zwischen dem Synhäresisfall und dem entsprechenden Dihäresisfall an den Tag legt.

Damit das Gesagte nicht auf der Ebene abstrakter Theorie verbleibt, möchte ich den Leser an diesem Punkt meiner Ausführungen zu einer kleinen praktischen Übung einladen. Wir greifen zu diesem Zweck zwei Passagen aus dem Graduale „Christus factus est"[142] heraus, erstere mit Gruppenneumen und einem relativ kleinen Melisma, die zweite mit einem ziemlich ausgedehnten Melisma. Die erste Passage umfasst die Tonfolge über dem Wort *obediens* im Responsum, die zweite Passage die Tonfolge über dem Wort *illum* im Solovers:

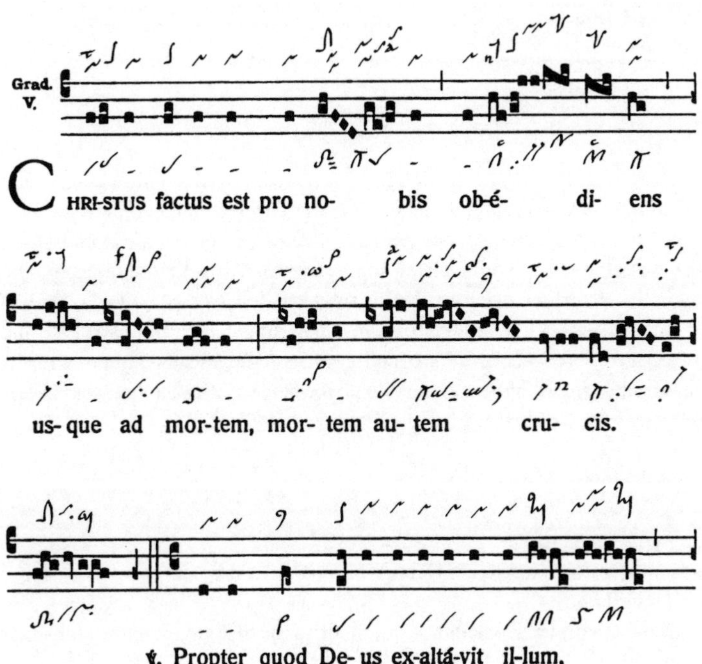

141 Zu diesem ganzen Fragenkomplex vgl. Eugène CARDINE, *Primo anno* ..., S. 33f.; DERS., *Die Gregorianische Semiologie*, in: BzG 1, S. 23–42, bes. S. 39–41; DERS., *Die Grenzen der Semiologie im Gregorianischen Choral*, in: BzG, Sonderheft Eugène Cardine, S. 67–79, bes. S. 74–76.

142 GrN I, S. 108f.

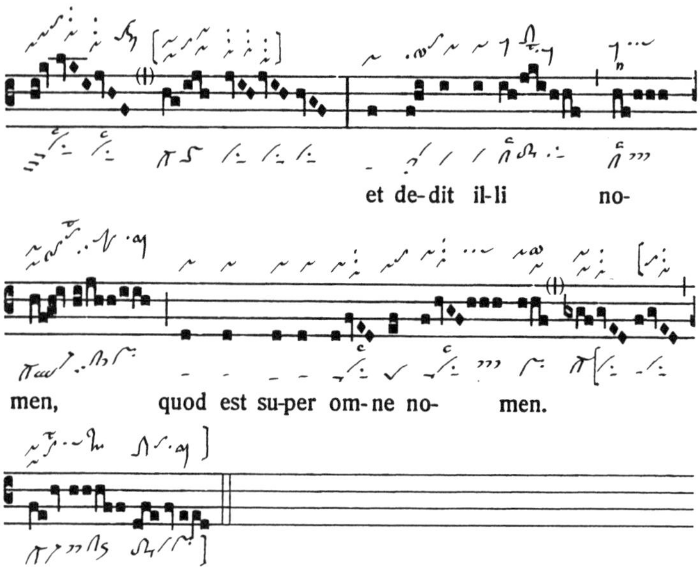

Beispiel 49

Wir wollen nun versuchen, diese beiden Passagen nach Art eines mittelalterlichen Textierungstropus zu tropieren, d. h. jeder Note der Gruppenneumen bzw. der beiden Melismen (und natürlich auch den beiden Einzelnoten von *obediens* und *illum*) eine eigene Textsilbe (eines von mir frei improvisierten Textes) zu unterlegen. Die Übung soll in drei Schritten erfolgen: 1. Wir sprechen den Tropustext nach den Regeln einer ganz natürlichen Textdeklamation; 2. wir singen den Tropustext auf die in beiden Passagen vorgegebenen Töne, und zwar in dem gleichen Tempo, wie wir vorher den Text deklamiert haben; 3. wir singen die beiden Passagen in ihrem Originalzustand, wie er im Graduale „Christus factus est" vorliegt.

Hier die beiden Tropustexte:

Tropustext 1 (zu *obediens*):
Misericors et miserator et iustus est Deus.
Tropustext 2 (zu *illum*):
Quis sicut Deus, Dominus, Deus meus, qui in altissimis habitat, et humilia respicit erigens pauperem?

Sinn und Zweck dieser Übung war es, die von Dom Cardine für die Interpretation der gregorianischen Gesänge geforderte Univozität des Rhythmus in allen drei Vertonungsstilen zu veranschaulichen. Und so können wir als Fazit der Ausführungen zum gesamten Fragenkomplex des Rhythmus im Gregorianischen Choral folgendes festhalten: Die unterschiedliche Wertigkeit der Noten, die wir in syllabischen Gesängen konstatieren, lässt sich im Wesentlichen, bei aller Flexibilität der jeweiligen kontextgemäßen Auslegung und gesanglichen Ausführung, auch auf Gruppenneumen und Melismen übertragen. Für Einzeltonneumen einen grundsätzlich anderen Rhythmus zu postulieren als für Gruppenneumen und Melismen, etwa in dem Sinn, dass Gruppenneumen und vor allem Melismen um ein Beträchtliches rascher zu singen seien, womöglich nach Art von Arabesken, widerspricht den paläographischen Daten und deren semiologischem Befund. Daraus ergeben sich, wie im folgenden Abschnitt noch näher auszuführen sein wird, Konsequenzen auch für die Frage des Tempos und der Temporelationen im Gregorianischen Choral. Diese sollen sich im Wesentlichen, eine sorgfältige Deklamation des zugrunde liegenden Textes vorausgesetzt, am Tempo und an den Temporelationen der gesprochenen Sprache orientieren.

VII.4 DER FÜR DEN GREGORIANISCHEN CHORAL CHARAKTERISTISCHE GESANGSSTIL

Es leuchtet wohl jedem unmittelbar ein, dass zu den wesentlichen Elementen des Gesangsstils im Gregorianischen Choral sein Textbezug und eine angemessene rhythmische Gestaltung gehören. Von daher kann es nicht verwundern, dass im Folgenden viele der bisher erörterten Gedanken in der einen oder anderen Form wiederkehren.

In Bezug auf den gregorianischen Gesangsstil haben zweifellos die Mönche von Solesmes seit der Mitte des 19. Jhs. Maßstäbe gesetzt. Dies ist in erster Linie das Verdienst ihres Gründerabtes Dom Prosper Guéranger, der erkannt hat, dass die archäologische Erforschung der Choralhandschriften allein nicht ausreicht, um einen Gesangsstil zu kreieren, der den Erfordernissen der Liturgie entspricht. Gregorianischer Choral war für ihn in erster Linie gesungenes Gebet der Liturgie, musikalische Meditation des in der Liturgie verwendeten heiligen Textes. Dementsprechend sollen nach der Intention von Dom Guéranger Interpretation und Gesangsstil getragen sein vom Geist der Liturgie und von der Versenkung in den geistlichen Gehalt der Texte.

Der am Wort orientierte Gesangsstil ist bis heute das besondere Gütemerkmal der Choralinterpretation der Mönche von Solesmes geblieben. Alle, die aus dem *Graduale Novum* singen und denen eine semiologisch orientierte Interpretation der gregorianischen Gesänge ein Herzensanliegen ist, sind gut beraten, sich diesem Erbe von Solesmes verpflichtet zu fühlen. Dies umso mehr, als auch Dom Eugène Cardine, der Gründer der Gregorianischen Semiologie, Mönch von Solesmes war und bei all den neuen Erkenntnissen und Impulsen, die wir ihm in der Wissenschaft und Praxis des Gregorianischen Chorals verdanken, bis zu seinem Lebensende in der Tradition des Gesangsstils von Solesmes gestanden hat.

Das folgende Beispiel, das Graduale „Iacta cogitatum tuum"[143], bietet die Gelegenheit, zum Schluss meiner Ausführungen einige mir wesentlich erscheinende Gesichtspunkte, die den gregorianischen Gesangsstil betreffen, zur Sprache zu bringen:

143 GrN I, S. 257f.

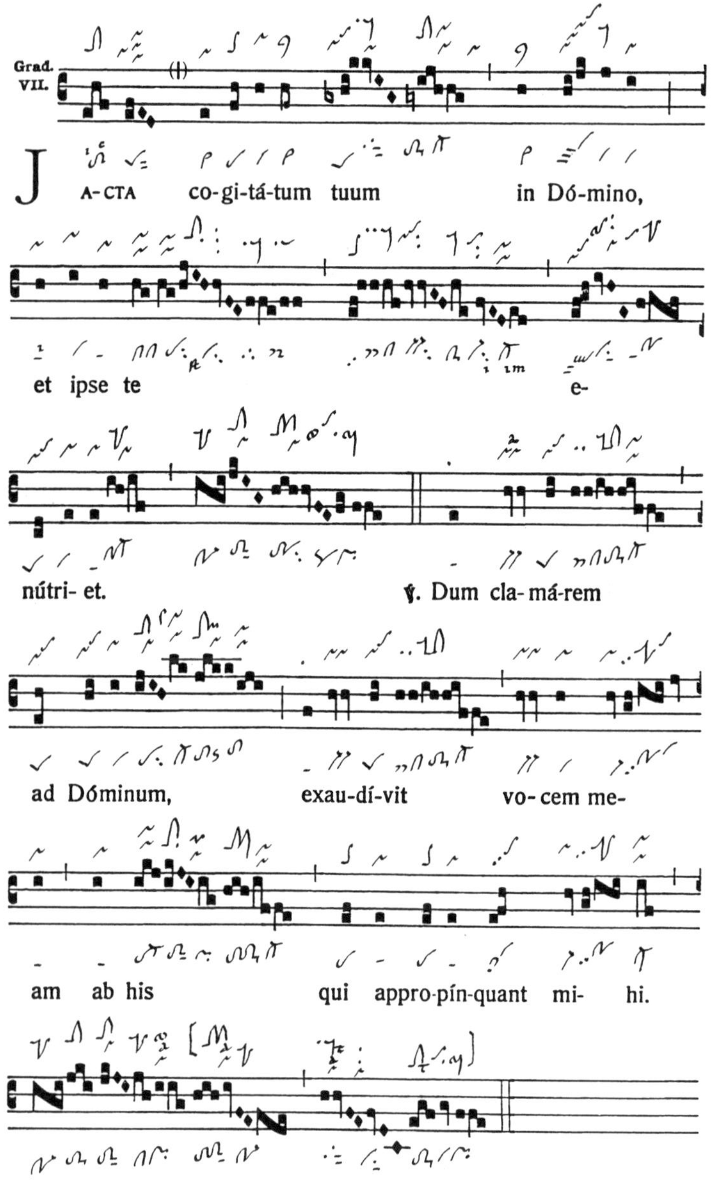
Grad. VII.
JACTA cogi-tá-tum tuum in Dó-mino,
et ipse te e-
nútri- et. ℣. Dum cla-má-rem
ad Dóminum, exau-dí-vit vo-cem me-
am ab his qui appro-pín-quant mi- hi.

Beispiel 50

Grundlegend für die gregorianische Komposition ist der Primat des Textes, von dem bereits mehrmals mit einigem Nachdruck die Rede war. *Wort-Melodie-Stil* lautet auch hier wieder das Stichwort. Dem ist auch in der gesanglichen Umsetzung Rechnung zu tragen. So sind im ersten Halbsatz dieses Graduale vier relativ eigenständig vertonte wortmelodische und rhythmische Einheiten zu unterscheiden: *Iacta – cogitatum – tuum – in Domino.* In der Interpretation sind diese vier Einheiten einerseits als zusammengehöriges Ganzes zu betrachten, andererseits aber auch, in Wahrnehmung ihres relativ eigenständigen musikalischen Profils, gebührend gegeneinander abzugrenzen. Darüber hinaus ist bei allen vier Einheiten ein gewisses Spannungsgefälle zu beachten: Dem Aufbau von Spannung und dem Spannungshöhepunkt folgt jeweils eine Phase der Entspannung mit dem Ziel eines vorläufigen Ruhepunktes.

Diesen lebendigen Austausch zwischen Spannungsaufbau, Spannungshöhepunkt und Entspannung gilt es auch bei Melismen wahrzunehmen und in der klanglichen Umsetzung zu verwirklichen, so z. B. in den beiden Melismen des Wortes *enutriet* im Responsum sowie im Solovers bei *Dominum, ab his* und mehrmals innerhalb des Schlussmelismas bei *mihi*. Auf diese Weise nimmt der Gesang eine sehr natürliche Gestalt an, denn er spiegelt den Rhythmus allen Lebens auf Erden wider, für den, einem Gesetz der Natur zufolge, der stetige Wechsel von Arbeiten und Ruhen, von Einatmen und Ausatmen, von Aufbruch und Sich-Niederlassen, von Aufstieg und Abstieg, von Werden und Vergehen konstitutiv ist.

Dass zur stilgerechten Interpretation gregorianischer Gesänge auch die genaue Beobachtung und musikalische Umsetzung rhythmisch-agogischer Differenzierungen nach Maßgabe der adiastematischen Neumennotationen gehört, darunter u. a. auch die richtige Ausführung von Reperkussionen und Liqueszenzen, dürfte für einen semiologisch geschulten Interpreten eine Selbstverständlichkeit sein und bedarf folglich hier keines weiteren Kommentars. Auch dass ein makelloser Legatovortrag eine der Grundvoraussetzungen für eine stilistisch überzeugende Interpretation ist, dürfte – wenigstens in der Theorie – allgemeinem Konsens entsprechen.

Anders verhält es sich aber mit der *Frage des Tempos*, sowohl des für einen Gesang gewählten Grundtempos als auch der Temporelationen bei rhythmisch differenzierten Notenwerten. Über das *Grundtempo* eines Gesangs entscheidet wesentlich der jeweils zugrunde liegende Text, genauer: das Zeitmaß der Textsilben, das dann, wie früher bereits ausgeführt, analog auch auf die einzelnen Töne einer Gruppenneume oder eines Melismas zu übertragen ist. In Anbetracht der Unterschiedlichkeit der Gesangstexte versteht es sich von selbst, dass auch das Grundtempo der Gesänge leicht variabel sein kann. Im Fall des Graduale „Iacta cogitatum tuum“, dessen Text aus Psalm 54 zur Freude über die schützende Gegenwart Gottes im Leben des Menschen und zum rückhaltlosen Vertrauen auf Gottes Beistand aufruft, sollte das Grundtempo nicht zu langsam, eher freudig bewegt sein, wozu nicht zuletzt auch die schwungvolle Melodieführung im VII. Modus einlädt. Was die *Temporelationen* bei unterschiedlichen Notenwerten betrifft, scheinen – auch im Kreise semiologisch orientierter Interpreten – die Meinungen (und Praktiken) bisweilen auseinanderzugehen. Meiner Meinung nach kranken nicht selten gerade auch semiologisch orientierte Interpretationen an einem unausgewogenen Verhältnis längerer und kürzerer Töne im Sinne von oft zu krassen Tempounterschieden. Täuschen wir uns nicht: kurrente Noten um ein Beträchtliches schneller auszuführen als nichtkurrente Noten, macht den Gesang nicht lebendiger, sondern macht ihn, im Gegenteil, spannungsärmer und ist nicht selten der Grund dafür, dass das organische Ganze eines Gesangs auseinanderfällt. Bei rhythmischen Differenzierungen im Gregorianischen Choral handelt es sich eben um feinere Nuancierungen der Notenwerte, je nach der unterschiedlichen Qualität der einzelnen Noten, vergleichbar mit der unterschiedlichen Qualität der Silben eines gesprochenen Textes. Zu starke Tempounterschiede führen, ohne dass man sich dessen bewusst wird, leicht dazu, dass man sich gefährlich nahe an der Grenze zum Mensuralismus bewegt. Letzteres wird den Semiologen gelegentlich sogar von der Musikwissenschaft der Gegenwart bescheinigt[144], nicht ganz zu Unrecht, wie ich meine.

Das Graduale „Iacta cogitatum tuum" enthält mehrere Passagen, die sehr geeignet sind, die richtigen Temporelationen zwischen kurrenten und nichtkurrenten Noten im Sinne feiner, jedoch gut wahrnehmbarer Nuancierungen einzuüben. So die Passage *et ipse te* bis zur ersten Divisio minima: Die Einzeltonneumen von *et ipse* sind nicht zu schnell, sondern im Sinne einer sorgfältigen Textdeklamation auszuführen, zumal sich das Demonstrativpronomen *ipse* hier auf Gott bezieht. Im ersten Teil des Melismas über *te* ziehe ich die Angaben von Laon 239 mit vier nichtkurrenten Anfangsnoten gegenüber St. Gallen 359 vor. Aus diesen vier Tönen, die nicht zu sehr gedehnt werden dürfen, sondern ungefähr im Tempo der vorausgehenden drei Einzeltonneumen auszuführen sind, fließt nahtlos eine graziöse Melodiebewegung hervor, die etwas, aber nicht um Vieles beschleunigt werden soll, um das organische Ganze dieser Passage nicht zu gefährden. Ein weiteres geeignetes Beispiel findet sich bei der Passage *clamarem* (und der identisch vertonten Passage *exaudivit*) im Solovers: Der Übergang von nichtkurrenten zu kurrenten Notenwerten darf nicht zu abrupt erfolgen, was bei zu rascher Beschleunigung der kurrenten Töne unwillkürlich der Fall wäre.

Diese wenigen Beispiele aus dem Graduale „Iacta cogitatum tuum" mögen genügen, um auf einige Grundlagen der Interpretation des Gregorianischen Chorals, hier vor allem unter dem Gesichtspunkt einer stilgerechten Ausführung, aufmerksam zu machen. Bei aller wünschenswerter Vielfalt individueller Ausprägungen der Interpretation geht es hier um grundlegende Kriterien einer gemeinsamen Basis, die nicht in das Belieben der einzelnen Interpreten gestellt ist, sondern auf die sich alle, die sich einer semiologisch fundierten Interpretation verpflichtet fühlen, verständigen sollten.

---

144 Vgl. vor allem Nancy Phillips, *Notationen und Notationslehren von Boethius bis zum 12. Jahrhundert*, in: *Die Lehre vom einstimmigen liturgischen Gesang*, hg. v. Thomas Ertelt und Frieder Zaminer (= Geschichte der Musikwissenschaft 4), Darmstadt 2000, S. 367.

Mit diesen grundsätzlichen Überlegungen zu Fragen der Interpretation des Gregorianischen Chorals schließt der Kommentar zum *Graduale Novum.* Sein Autor hofft, die wichtigsten Aspekte dieser neuen Edition gregorianischer Messgesänge angesprochen und in angemessener Weise erörtert zu haben sowie dabei keinen kontroversen Fragestellungen ausgewichen zu sein. Und schließlich hofft er, all jenen, die das *Graduale Novum* benutzen, sei es für wissenschaftliche Zwecke, sei es in Ausübung ihrer Lehrtätigkeit an kirchenmusikalischen Ausbildungsstätten, vor allem aber jenen, die in der Feier der Liturgie daraus singen, einen bescheidenen Dienst erwiesen zu haben.